やったもの勝ち！

およね式

手間どろぼうレシピ

爆速レシピクリエイター
およね

JN037297

はじめに

はじめましてのかたも、いつもありがとうございますのかたも
こんにちは、およねです。
数ある中から、この本をお選びいただきありがとうございます。

献立を考える
買い出しに行く
作る
食べる
洗う

いやー、料理って……やることが多い！
これが毎日となると、なかなか重い。
「えーい、もう料理なんてやめちゃえ！」
「いやいや、でもそういうわけには……」
「家族にちゃんとおいしいものを作りたいのよ……」

そんなループに陥ったとき、
この本がお役に立てるかもしれません。

せっかちでガサツ。洗い物が大嫌いな超テキトー人間。
そんな私でも作れる「手間どろぼう」レシピは
日々、家族への料理を作り続けている中で編み出した
「およね流の時短ワザ」をこれでもか！と盛り込んでいます。
作り方も片づけも、とことんラクを追求して
ちゃんとおいしい！ そして楽しい！と
思っていただけるものばかりです。

私は家族のことも、家族のだんらんも大好きです。
調理に時間をかけるより、家族と楽しくごはんを食べる時間や
笑顔で「おいしいね」と言い合える時間をたくさん作りたい。

この本を手にとってくださったかたのご家庭に
たくさんの笑顔とだんらんタイムが増えますように。

爆速レシピクリエイター
およね

CONTENTS

PART 1 炊飯器で一発！爆速ワンプレート

PART 2 進化系 超ワンパンおかず

レシピの決まり

- 大さじ1は15mℓ、小さじ1は5mℓです。
- 1合は180mℓです。
- 食材を洗う、皮をむく、種をとるなどの工程は
  一部省いています。適宜行ってください。
- 野菜は特別な表記がない場合、中サイズを使用しています。
- 麺つゆは3倍濃縮のものを使用しています。
- コンソメスープのもとは粉末タイプを使用しています。
- 電子レンジは600Wを基準にしています。
  500Wの場合は1.2倍、700Wの場合なら
  0.8倍の時間で加熱してください。
- オーブントースターは1300Wを基準にしています。
- 炊飯器は5.5合炊きを使用しています。
  炊飯器のお手入れは、メーカーの取扱説明書に
  従ってください。
- 火かげんは特別な表記がない場合、中火です。
- 加熱時間は目安です。機種や環境により加熱時間は
  多少異なるので、様子を見ながらかげんしてください。
- レシピは4人分を基本としています。
  2人分にする場合は材料を半量にして調節してください。

毎日のごはん ー 手間で 家族も自分も大満足!!

早くおいしいごはんを食べたい気持ちは
料理を作る人も食べる人もみんな同じ。
料理は毎日のことだから
行き着く先は「いかに手間をなくせるか」にかかっているのです。
この本には、そんな家族みんなの
願いをかなえるためのスゴ技が詰まっています。

この本でできること

- 家事としての料理を**なるべく早く**すませられる
- 調理の「あたり前」をなくして**合理的かつ楽しく料理**できる
- 片づけ、洗い物の**手間がグンと減る!**
- ハズレなしの献立で**味に自信**を持てる
- 家族に**「おいしい」「また作って!」**と言われる
- 毎日の食事作りが**みるみる楽しく**なる!

「おいしい!」の
最短距離を
めざします!

おことわり

- 本書は手抜きへの罪悪感とは無縁のレシピのみを
  掲載しています
- スゴ技を使う限り、とられた手間は返ってきません
- 斬新かつ合理的な調理法で
  最速の「いただきます」をめざします

毎日 いそがしい皆さんに
料理をもっとラクに作ってほしくて
「料理の手間」を盗んじゃいました！
だけど、おいしさは増し増しです々

およね ○yone

愛してやまない！ スタメンキッチングッズ

これなしでは日々の料理が成り立たない！
というくらい愛用しているものばかりです。
時短調理には欠かせません。

A 耐熱ボウル

電子レンジで調理するときやおやつ作りに使います。余裕のある大きさのものを選んで。

B フライパン

直径24cmと26cmのものを使用しています。揚げ物やソースを作るときは深さがあるものが安心。

C スライサー

野菜をカットする時間を短縮。スライスしながらフライパンに入れれば、洗い物も減らせます。

D みじん切り器

時間がかかるみじん切りの手間を大幅にカット！ひもを引っ張るだけで、きれいなみじん切りができます。

E フライ返し

卵焼きや大きなおかずをひっくり返すときに、あると便利です。

F トング

シューマイなど大きなおかずをとり出すときや菜箸のかわりに。菜箸よりトング派です。

G キッチンばさみ

食材からでき上がった料理まで、何でもこれでカット。包丁のかわりになくてはならない相棒。

H ピーラー

野菜の皮むきや薄切りに使用。キッチンばさみで切れない場合や時短アイテムとして活躍します。

I ラップ

まな板や巻きすの代役として使っています。そのまま処分できるので、あと片づけもラクに。

J アルミホイル

料理を包んだり、フライパンの中で仕切りを作りたいときに使用。フライパン加熱の際は調理道具からホイルがはみ出さないように注意！

K フライパン用クッキングシート

フライパンの汚れを最小限にとどめて洗い物をラクに。揚げ物の衣づけにも使えます。本書では耐熱温度250度のものを使用。

L ポリ袋

ひき肉をしぼるときや、食材を調味料につけるときなどに使用。厚さがあるものを選ぶと安心。

味の決め手！

調味料は
これさえあればOK！

何度もリピートしているお気に入りの調味料です。
味が決まりやすい調味料を使えば、
味つけに迷うこともなくなります！

鶏ガラスープのもと

とけやすく、使いやすいので何度もリピ買い。本書では顆粒タイプを使用しています。

オイスターソース

いため物や中華の隠し味などに使用しています。料理にコクが出て味が決まりやすいです。

白だし

もはや「ないと困る調味料」ナンバーワン。ちょっと足すだけでおいしく仕上がります。

コンソメスープのもと

とけやすい粉末タイプを使用しています。汁物や洋風の味つけにしたいおかず作りに活躍。

焼き肉のたれ

何かもの足りない…なんてときに心強い隠し味！肉に下味をつけたいときに便利です。

酢

肉料理の脂をさっぱりとさせたいときに使います。少量で味がしまって、一気に格上げできる！

しょうがチューブ、
にんにくチューブ

手を汚さなくていいチューブ類は時短の心強い味方。計量しやすいのもポイントです。

市販のルウ

キッチンばさみで小さく切ってとかせば、お手軽ソースが完成。ストックしておくのがおすすめです。

\ あると便利！ /
そのまま使える冷凍食材

のりの佃煮

余りがちなびん詰めは調味料にしちゃいましょう。のりの風味と甘みがちょうどいい隠し味に。

ほうれんそう

スープや麺類に具を足したいときにそのまま使えます。アク抜きいらずで時短に。

かぼちゃ

皮むきなど下ごしらえが面倒なかぼちゃは冷凍品が頼り！ 季節を問わず購入できるのも高ポイントです。

ミックスベジタブル

ピラフやケチャップライスの具に使用。見た目の彩りもよくなります。

ブロッコリー

価格の変動を受けにくい冷凍品ならいつでも安心して使えます。副菜としても活躍。

最短距離の調理ワザ

おなかをすかせた家族が待っているから
1分1秒でも早く食卓につきたい（そしてラクもしたい）！
そんな思いからたどり着いた時短調理術
「およねワザ」をおさらいします。

基本的に 包丁とまな板 は使わない

＼ ラップの上で切る ／

＼ キッチンばさみで切る ／

ボウル や バットもいらないし

＼ トレーで下味！ ／

＼ フライパンで衣づけ！ ／

キッチンも手もきれいなまま

ラップ上で巻く

ラップワザ

袋でひょーい！

袋ワザ

しかも、一気に5個できる

2品同時調理

ホイルワザ

クッキングシートで
ひっくり返す！

紙ワザ

無駄な時間は全部カット

\ ゆでない！ /
レンジ術

\ 食べるお皿で /
調理も！

それを一気に実現するのがおよねワザ

\ スイッチポンで /
3品！

ペッパーランチ風
ライスとデリ風サラダ
(p.22)

\ ワンパンで3品！ /

どでかチーズつくね
にんじんしりしり
れんこんのきんぴら
(p.30)

etc...

\ 熱湯一発調理！ /

熱湯ナムル
(p.58)

毎日の料理が
楽しくなること
間違いなし！

「いただきます！」までの マイルール

ズボラな私ですが、ごはんを食べるまでになんとなくルールにしていること、
これだけ守れていればOK！と決めていることがあります。
料理へのハードルはとことん低くいきましょう！

1.
そのとき作りたい気分や 食べたい気分に従う

計画的に献立を考えるとか、作りおきするのが苦手なだけです（笑）。でも、冷蔵庫にあるものだけでなんとかしたり、どうしても食べたいものを意地で作ったりするのも意外と好きなんですよね〜。

2.
買い物はちょこちょこ買い派！

食べたいものがその日の気分によって違うので、作りおきやまとめ買いはあまりしません。買い物は冷蔵庫に常備している卵を切らしたらスーパーに行って、ついでにいろいろ買うのが唯一のルール（笑）。あとは、スーパーのポイント5倍デーで高い油を買えると、その日は一日じゅう気分がいい。

3.
困ったら焼きそば

週末のメニューは麺類が多いわが家。平日はごはんとおかずの献立が多いけど、「今日は何を作ればいいのかわからない！」という日は、まず焼きそばに頼ります。家族もなんだかんだ絶対食べてくれます。

4.
やる気ゼロのときは潔く諦める

もちろん、私にもあります。絶対に今日はごはんを作りたくないなんて日が！そんなときのために棒餃子は冷凍して大量にストックしています。それもないときは、近所のとんかつ屋さんのテイクアウトへGO！無理はしない。

5.
ごはんまでに親子げんかは （できるだけ）終わらせる！

小学校中学年になった娘とは、基本は仲よし！でもまあ、けんかも増えました（笑）。それでもごはんのときは楽しくしたいから、できるだけごはんまでに仲直りを心がけます（無理なときもある）。

番外編

ごはん中、 テレビやスマホはOFF！

夫が提案してくれた食事中の唯一のルール。家族が集まるだんらんの時間はごはんのときくらいしかないから大切にしよう。実施してみると意外と私が一番スマホを見ていたことに気づきました（えっ）。今では学校のことや保育園のこと、子どものささいな悩みを聞ける貴重な時間に！

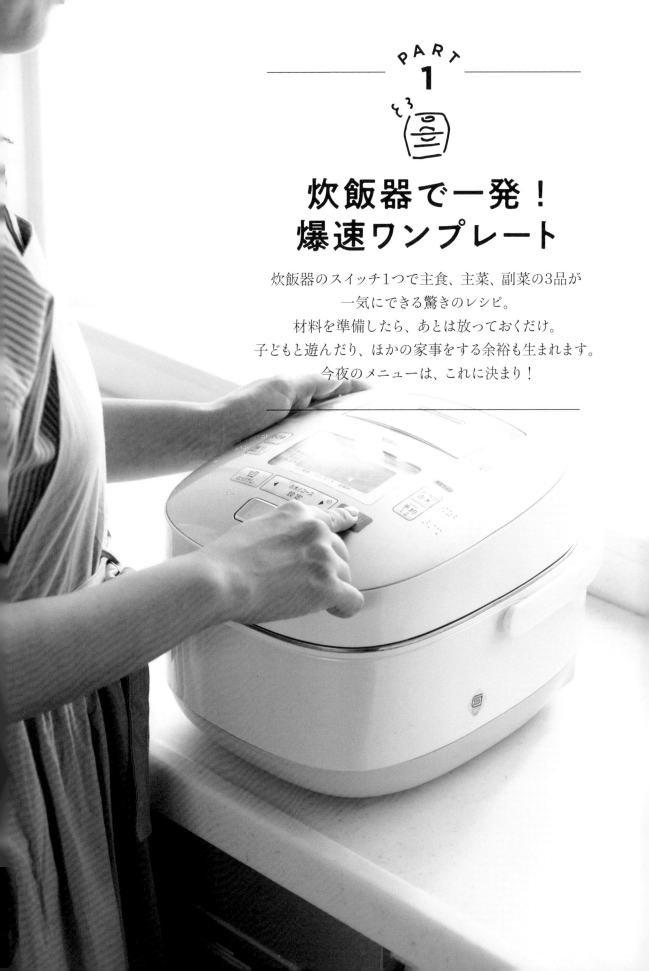

炊飯器で一発！
爆速ワンプレート

炊飯器のスイッチ1つで主食、主菜、副菜の3品が
一気にできる驚きのレシピ。
材料を準備したら、あとは放っておくだけ。
子どもと遊んだり、ほかの家事をする余裕も生まれます。
今夜のメニューは、これに決まり！

これぞ、およねの代表作！
「爆速シューマイ定食」作ります！

鶏ガラスープの
もと
大さじ1

ごま油
大さじ1/2

塩
ひとつまみ

（かにチャーハンを作る）

1 炊飯器で3品
材料を入れる

米は洗って炊飯器の内釜に入れ、
3の目盛りまで水を注ぎ、大さじ
2の水をとり除いて**A**を加える。
ねぎはキッチンばさみでみじん切
りにして加え、かにかまは手でほ
ぐして加え、ごま油を回しかける。

（シューマイ、蒸し野菜を作る）

2 トレーワザ
肉ダネを作る

ひき肉のトレーにしいたけの軸を
キッチンばさみで細かく切って加
える。**B**を加えてこね、平らにする。
しいたけを整列させ、軽く押さえ
て埋め込む。

しょうゆ、酒
各小さじ2と1/2

オイスターソース
大さじ1/2

トレー
でこねるよ

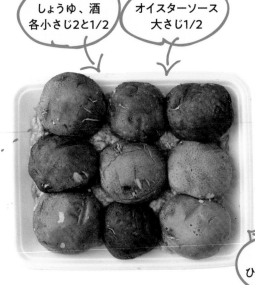

砂糖
小さじ1/2

塩
ひとつまみ

Point
ひき肉はトレーに
ぎゅっと押しつける
ように成形して。炊
飯器に入れるときの
型崩れを防ぎます。

材料（3〜4人分）

※ピンク字は2合の場合の分量変更。水は2の目盛りまで入れてから大さじ1と1/2をとり除く（水分量は目安です）。そのほかの材料と作り方は同じ。シューマイ、蒸し野菜は3合と同量で作る。

かにチャーハン

米…3合→2合
ねぎ…2/3本
かに風味かまぼこ…60g→40g
卵…2個→1個

A ［
鶏ガラスープのもと
…大さじ1→小さじ2
塩…ひとつまみ→少々
］

ごま油…大さじ1/2→小さじ1
水…適量

食べたら絶対
しいたけシューマイ
〜炊飯器 ver. 〜

豚ひき肉…300g
しいたけ…9〜12個
シューマイ（ワンタン）の皮…12枚
むき枝豆（冷凍）…12粒

B ［
しょうゆ…小さじ2と1/2
酒…小さじ2と1/2
オイスターソース…大さじ1/2
砂糖…小さじ1/2
塩…ひとつまみ
］

蒸し野菜

かぼちゃ（冷凍）…200g
チンゲンサイ…1株（約80g）

Point
まんべんなく
敷くのが
コツ！

炊飯スイッチ
On!

3 チンゲンサイを敷く

1にチンゲンサイを1枚ずつ敷く。

ガバッ！と
一気に返して

5 皮を並べ野菜を入れる

肉ダネをシューマイの皮でおおい、それぞれの皮のまん中に枝豆を埋め込み、周りにかぼちゃをのせて通常炊飯する。

4 肉ダネをのせる

2を逆さにしてのせる。

※材料が内釜からはみ出すとうまく加熱されなかったり、ふたの蒸気口から材料が吹き出したりする可能性があるので、スイッチを押す前に材料の詰め方を確認してください。炊き込みごはんは塩分が含まれているので、保温はせずに、食べきれなかった分はラップで包み保存袋に入れて冷凍しましょう。冷凍で約2週間保存OK。

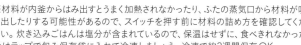

盛りつけて…

主菜

とり出して
キッチンばさみで
カット！

副菜

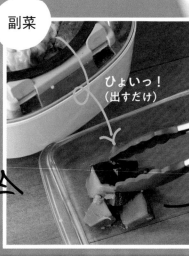

ひょいっ！
（出すだけ）

主食

とき卵を加えてまぜ
5分保温

蒸し野菜（チンゲンサイ）

蒸し野菜（かぼちゃ）

かにチャーハン

食べたら絶対
しいたけシューマイ〜炊飯器ver.〜

完成〜〜〜〜〜〜〜!!

えのきだけとにらの
春雨スープ
※炊飯中に余裕で作れます
（p.57）

爆速シューマイ定食 [作業時間 20分]

皮でタネを包む手間を省いた、しいたけシューマイ。
その人気レシピをごはん、副菜とともに 炊飯器で一気 に仕上げます！
進化版ともいえる力作です。
スイッチ1つで中華のワンプレートができる
奇跡を体感してほしい！

ボリューム満点！
「ロールキャベツと
シーフードピラフのプレート」
作ります！

コンソメスープの
もと
大さじ1と1/2

（シーフードピラフを作る）

1 炊飯器で3品
材料を入れる

米は洗って炊飯器の内釜に入れ、
3の目盛りまで水を注ぎ、大さじ2
の水をとり除いてコンソメスープ
のもと、シーフードミックス、ミッ
クスベジタブルを加える。

（ロールキャベツを作る）

コンソメスープの
もと
小さじ1

片栗粉
小さじ1

塩
少々

2 トレーワザ
肉ダネを作る

ひき肉のトレーに枝豆とA
を加えてよくこねる。

トレー でこねて～

材料（3～4人分）　※ピンク字は2合の場合の分量変更。水は2の目盛りまで入れてから大さじ1と1/2をとり除く（水分量は目安です）。そのほかの材料と作り方は同じ。ロールキャベツ、じゃがバターは3合と同量で作る。

シーフードピラフ

米…3合→2合
シーフードミックス（冷凍）…150g→100g
ミックスベジタブル（冷凍）…80g→60g
コンソメスープのもと…大さじ1と1/2→大さじ1
バター…10g→7g
水…適量
ドライパセリ（あれば）…適量

ロールキャベツ

豚ひき肉…300g
むき枝豆（冷凍）…50g
キャベツ…4枚

A
┌ コンソメスープのもと
│　…小さじ1
│ 片栗粉…小さじ1
└ 塩…少々

パスタ…2本

〈 オーロラソース 〉

マヨネーズ…大さじ3
トマトケチャップ…大さじ2
レモン汁…小さじ1
にんにくチューブ…小さじ1/4
塩…少々

じゃがバター

じゃがいも…小4個（直径4cmを超えるようなら3個にして半分に切る）
バター…3g×4個

ゆでブロッコリー（あれば）…6～8房
ミニトマト（あれば）…3～4個

くるん！

3 キャベツで包む

キャベツは軸部分をキッチンばさみで切り、全体をラップで包んで電子レンジで2分ほど加熱し、やわらかくする。キャベツ2枚を重ねて敷き、**2**の半量を包む。パスタを刺して全体を留める。これを2個作る。

（ じゃがバターを作る ）

炊飯スイッチ on！

4 ロールキャベツとじゃがいもを入れる

1に**3**をのせ、あいたところに皮つきのままじゃがいもを入れる（p.15※参照）。

盛りつけて…

主菜

とり出して
半分にカット！

完成

皿に盛ったら
オーロラソースの
材料をすべてまぜ
てかける

副菜

十字に切って
バターをのせる

主食

バターを加えて
まぜて～

皿に盛り、
あれば
ドライパセリを
振る

シーフードピラフ

!!

じゃがバター

ゆでブロッコリー

えびトマクリームスープ
（p.56）

ミニトマト

ロールキャベツ

ロールキャベツと シーフードピラフの プレート

作業時間 **20**分

ちょっと特別な日のディナーにも推せる
食べごたえもじゅうぶんなプレートです。
ロールキャベツの枝豆がアクセントに。
じゃがいもが大きい場合は
炊飯器に入るように切ってください。

ペッパーランチ風ライスと
デリ風サラダ

家族みんなが喜ぶペッパーランチ風ライスと2種のサラダを炊飯器で一気に作ります！
肉も野菜も豪快に投入して、映えも狙える!?
おしゃれなワンプレートができました。

ささ身とさつまいもの
ハニーマスタードサラダ

れんこんの
アボカドあえ

ペッパーランチ風ライス

ミニトマト

材料(3～4人分)

※ピンク字は2合の場合の分量変更。水は2の目盛りまで入れてから大さじ1と1/2をとり除く(水分量は目安です)。そのほかの材料と作り方は同じ。副菜は3合と同量で作る。

ペッパーランチ風ライス

米…3合→2合
牛薄切り肉…300g→200g
玉ねぎ…1個
ホールコーン…80g→60g
焼き肉のたれ…大さじ2→大さじ1と1/2
コンソメスープのもと
　　…大さじ1→小さじ2
小ねぎ(あれば)…適量
好みでバター…適量
好みで黒こしょう…少々
水…適量

ささ身とさつまいもの
ハニーマスタードサラダ

鶏ささ身…250g
さつまいも…120g

A
[はちみつ…大さじ1
[粒マスタード…大さじ1
[しょうゆ…小さじ1
[塩…少々

れんこんのアボカドあえ

れんこん…150g
アボカド…1個
中華ねぎ塩だれ(p.74)…大さじ1と1/2

ミニトマト(あれば)…3～4個

焼き肉のたれ
大さじ2

コンソメスープのもと
大さじ1

1 トレーワザ
ペッパーランチ風ライスの肉をつける

牛肉のトレーに焼き肉のたれを加えてもみ込み、5分ほどおく。

2 炊飯器で3品
材料を入れる

米は洗って炊飯器の内釜に入れ、3の目盛りまで水を注ぎ、大さじ2の水をとり除いてコンソメスープのもとを加える。玉ねぎは縦6等分に切り込みを入れ、米のまん中に埋め込む(小さく切って加えても〇K)。周りにホールコーンを加える。

3 野菜と肉をIN！

1を全体に広げ入れ、乱切りにしたさつまいもとれんこんをのせる。まん中にささ身をのせて通常炊飯する(p.15※参照)。炊飯中にれんこんのアボカドあえの中華ねぎ塩だれ(p.74)を作っておく。

仕上げ

ささ身をとり出してあら熱をとる。さつまいも、れんこんをとり出し、牛肉を皿に盛ってペッパーランチ風ライスをさっくりまぜる。ささ身は手でほぐし、さつまいもとAであえ、アボカドは2cm角に切って、れんこんと中華ねぎ塩だれであえ、皿に盛る。ペッパーランチ風ライスに好みで黒こしょうを振り、あれば小口切りにした小ねぎを散らし、好みでバターをのせ、半分に切ったミニトマトを添える。

丸ごと！ピーマンの肉詰め＆
カレーピラフ

［作業時間 **20分**］

ピーマンのへたに穴をあけて、肉ダネをブチューッと入れます。
ぴっちりしぼり入れるだけ だから、肉とピーマンがはがれてしまうようなこともナシ。
鮮やかな見た目で、食欲をそそる一皿です！

カレーピラフ

蒸し野菜
（とうもろこし）

丸ごと！
ピーマンの肉詰め

ミニトマト

材料（3～4人分）

※ピンク字は2合の場合の分量変更。水は2の目盛りまで入れてから大さじ1と1/2をとり除く（水分量は目安です）。そのほかの材料と作り方は同じ。ピーマンの肉詰め、蒸し野菜は3合と同量で作る。

カレーピラフ

米…3合→2合

ミックスベジタブル（冷凍）…100g→80g

ウインナソーセージ…4本→3本

A
- カレー粉…小さじ2→小さじ1と1/2
- コンソメスープのもと…大さじ1→小さじ2
- 砂糖…大さじ1/2→小さじ1

水…適量

蒸し野菜

とうもろこし…1/2本（120g）

ゆでブロッコリー（あれば）…3～4房

ミニトマト（あれば）…3～4個

ゆでブロッコリー

丸ごと！ピーマンの肉詰め

合いびき肉…300g

ピーマン…8個

とけるスライスチーズ…4枚

卵…1個

B
- パン粉…大さじ1
- しょうゆ…大さじ1
- 砂糖…小さじ1
- 塩…少々

〈たれ〉

トマトケチャップ…大さじ2

中濃ソース…大さじ1と1/2

しょうゆ…大さじ1/2

砂糖…大さじ1

好みで粉チーズ…適量

コンソメスープのもと 大さじ1

砂糖 大さじ1/2

カレー粉 小さじ2

1 炊飯器で3品 カレーピラフを作る

米は洗って炊飯器の内釜に入れ、3の目盛りまで水を注ぎ、大さじ2の水をとり除いてAを加える。ミックスベジタブルとキッチンばさみで輪切りにしたウインナを加える。

②スライスチーズ 1/2枚（丸める）

1cmカット

③肉ダネ

①穴をあける

2 袋ワザ ピーマンの肉詰めを作る

ピーマンはへたを指で押し込み、種と一緒に抜きとる。ポリ袋にひき肉、卵、Bを入れてよくこねる。ピーマンにスライスチーズ、肉ダネを順に詰める。

3 野菜を入れる

1に2をのせ、あいたところに4等分に切ったとうもろこしをのせて通常炊飯する（p.15※参照）。肉詰めのたれの材料を耐熱皿に入れてまぜ、電子レンジで30秒ほど加熱する（炊飯中にたれを作っておくとスムーズ！）。

仕上げ

とうもろこし、ピーマンの肉詰めをとり出し、カレーピラフをさっくりまぜる。皿に盛ってピーマンの肉詰めにたれをかけ、好みで粉チーズを振る。あればゆでブロッコリーとミニトマトを添える。

野菜の肉巻きと
鮭とコーンの炊き込みごはん [作業時間 **20分**]

ワンプレートでヘルシーな和食もお手のもの。
たった20分の作業時間で、肉も魚も野菜もとれるなんて、われながらKANPEKI！
炊き込みごはんの塩昆布がいい仕事をしてくれます。

鮭とコーンの炊き込みごはん

野菜の肉巻き
（さつまいも）

野菜の肉巻き
（オクラ）

蒸しキャベツの
おかかポン酢

材料(3〜4人分) ※ピンク字は2合の場合の分量変更。水は2の目盛りまで入れてから大さじ1と1/2をとり除く(水分量は目安です)。そのほかの材料と作り方は同じ。肉巻き、蒸しキャベツは3合と同量で作る。

鮭とコーンの
炊き込みごはん

米…3合→2合
塩鮭…3切れ→2切れ
ホールコーン…80g→60g
塩昆布…10g→7g

A　白だし…70mℓ→45mℓ
　　酒…大さじ2→大さじ1と1/2
　　砂糖…大さじ1→小さじ2

水…適量

野菜の肉巻き
(さつまいも、オクラ)

豚ロース薄切り肉…300g
さつまいも…60g
オクラ…6本
塩…少々
みそマヨだれ(p.70)…適量
梅だれ(p.78)…適量

蒸しキャベツの
おかかポン酢

キャベツ…250g
かつお節…適量
ポン酢しょうゆ…適量

梅だれ
(p.78)

みそマヨだれ
(p.70)

白だし
70mℓ
酒
大さじ2
砂糖
大さじ1

1 炊飯器で3品
鮭とコーンの
炊き込みごはんを作る

米は洗って炊飯器の内釜に入れ、**A**を加えて3の目盛りまで水を注ぎ、大さじ2の水をとり除く。ホールコーンを加え、塩鮭をのせる。

塩
少々

ラップ上なら
まな板いらず!

2 野菜の肉巻きを作る

さつまいもは1cm角の拍子木切りに、オクラはへたとガクを切り落とす(気になる場合は板ずりしてもOK)。ラップに豚肉を広げて軽く塩を振り、さつまいも、オクラをそれぞれ巻く。

3 肉巻きと野菜をIN!

キャベツは4等分のくし形切りにして**1**にのせる。あいたところに**2**を入れて通常炊飯する(p.15※参照)。炊飯中に野菜の肉巻きのみそマヨだれ(p.70)と梅だれ(p.78)を作っておく。

仕上げ

肉巻きとキャベツをとり出して皿に盛り、キャベツにかつお節とポン酢しょうゆを振る。鮭をとり出し、大きな骨をはずして炊飯器に戻し入れ、塩昆布を加える。鮭をほぐしながらさっくりまぜ、皿に盛る。みそマヨだれと梅だれを添える。

27

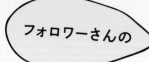

フォロワーさんの

質問に答えます
― その1 ―

SNSに寄せられたフォロワーさんの質問に答えちゃいます！
まずは料理に関することから。
参考にしてもらえたらうれしいです。

Q. いつも料理をするときは
どんな思いでキッチンに
立っていますか？

A. 20分後に「20分でこんなにおいしいものが作れた！」と満足している自分を想像しながら、秒単位で時計を見ています（笑）。

Q. どんなときに新しいレシピを
思いつきますか？

A. 「ふっと降りてくる」なんて天才みたいなことを言いたいんですが、地道に考えています。爆速脳をフル回転させて通常の料理工程を疑ったり、洗い物をこれ以上増やさないためにはどうするのかを真剣に模索（笑）。でも「やりたいようにやっちゃえ！」と吹っ切れたときのほうが、楽しいレシピが生まれるから不思議。

Q. 味がいまいち決まらないのが
悩みです。

A. ぼやけている感じがする場合は甘辛系でも塩系でも、勇気を出して酢小さじ1/2くらいをちょろっと加えると高確率で味が引きしまります！ 肉料理で、どうしようもないときは焼き肉のたれかすき焼きのたれに頼る。必ずおいしくなる万能液です！

Q. 料理が苦手です。
どうしたら好きになれますか？

A. 「好きにならなきゃ！」と自分にプレッシャーをかけすぎず、「主菜も副菜もしっかり作らなきゃ！」と追い込みすぎず、料理が苦手なのに1品作った自分はえらい！ 最高！ 超おいしい！と自分をほめちぎることから始めてみては？（実際、1品を頑張って作るって、とてもすごい！ えらい！）

Q. できたごはんを見たときに
家族から期待はずれのような
反応が…（涙）。およねさんは
そんな日ありますか？

A. あります！ ありますとも！ 2日に1回はそうです（特に長男）。そんなときはしばらく気づかないふりをします。どうしようもないときは黙って塩むすびを握ります。あとはわが家で大人気のブロッコリーのステーキ（p.68）を作れば平和です。

Q. 常備している食材は
ありますか？

A. 焼きそば！ 冷凍うどん！ 卵！ 最悪これがあれば乗り切れる！

Q. 小さな子どもにかまっていると
料理をする時間がとれない…。
簡単ですぐに作れる
おすすめレシピはありますか？

A. 炊飯器でほったらかし！ オーブンでほったらかし！は、キッチンに立つ時間がない人に超絶おすすめです。

ゆるっと
やってこ〜！

PART 2

進化系
超ワンパンおかず

フライパン1つでできるレシピも
およねの腕にかかれば、ただでは終わらせない。
主菜と副菜を同時に仕上げるものから
極力洗い物を減らした時短ワザを盛り込んだものまで
リピート間違いなしのおかずが満載です！

一気に3品！

どでかチーズつくね
にんじんしりしり
れんこんのきんぴら

紙ワザ で主菜1品と副菜2品を
一気に作る荒ワザに出ました。
洗い物をするとき、その少なさに感激してほしい！
副菜は蒸し焼きにしている間に
調味料を準備しておくと慌てません。

材料（4人分）

どでかチーズつくね

鶏ももひき肉…500g
乾燥ひじき…5g
とけるスライスチーズ…3枚

A
[とき卵…1個分
  片栗粉…大さじ2
  しょうゆ…大さじ1/2
  砂糖…小さじ1
  塩…ひとつまみ]

B
[しょうゆ… 大さじ2と1/2
  酒… 大さじ2
  砂糖…大さじ1と1/2
  みりん…大さじ1]

好みで小ねぎ…適量
卵黄…1個分

にんじんしりしり

にんじん…1本（200g）
ツナ缶（水煮）…1缶
ごま油…小さじ1
酒…大さじ1

C
[麺つゆ…大さじ1/2
  鶏ガラスープのもと…小さじ1]

いり白ごま…適量

れんこんのきんぴら

れんこん…200g
ごま油…小さじ1
酒…大さじ1

D
[しょうゆ…大さじ1
  みりん…大さじ1
  砂糖…小さじ2]

いり白ごま…小さじ1
好みで糸とうがらし…適量

作り方

1 どでかチーズつくねを作る。フライパンにフライパン用クッキングシートを敷き、ひき肉、ひじき、Aを入れてよくこねる。フライパン全体に広げ、まん中にスライスチーズを並べる。シートの下を持ち上げて肉ダネを半分に折る a 。

2 1を火にかけ、肉ダネに焼き色がついたら、にんじんしりしりを作る。フライパンのあいたところにごま油を引き、にんじんをスライサーでせん切りにして入れる b 。酒を加えてふたをし、2分ほど蒸し焼きにする。

3 にんじんの上に汁けをきったツナ、Cを加えてよくあえ、水分を飛ばしながらいためる。皿に盛り、ごまを振る。

4 シートを持ってつくねをひっくり返し、ふたをして5分ほど加熱し、れんこんのきんぴらを作る。フライパンのあいたところをキッチンペーパーでふき、ごま油を引いて5mm厚さのいちょう切りにしたれんこんを入れる c 。酒を加えてふたをし、2分ほど蒸し焼きにする。

5 Dを加え、水分を飛ばしながらからめる。皿に盛り、ごまを振って好みで糸とうがらしをのせる。

6 フライパンのふたをしてつくねを5分ほど蒸し焼きにし、クッキングシートを引き抜き、Bをかけながら煮からめる。皿に盛り、キッチンばさみで食べやすい大きさに切り d 、卵黄を添える。好みで小口切りにした小ねぎを散らす。

つくねの焼き時間はトータルで20分ほどです。中まで火が通っているか確認してください。

2種のソースを同時に！

ワンパンでソースもペンネも一気に仕上げ。
ここまで豪華ならフライパンのままでも
堂々と食卓に出せる！

ガツンとくる味つけでごはんが進みます。
冷めてもおいしいので
お弁当にもどうぞ！

まな板＆包丁いらず！

デカバーグ ペンネの
ホワイトソース&きのこのトマトソース

材料（4人分）

合いびき肉…500g
卵…1個

A
パン粉…大さじ1
砂糖…小さじ1/2
塩…小さじ1/2

〈ペンネのホワイトソース〉
ペンネ…60g（10分ゆでのもの）
ホワイトシチューのルウ…1かけ

B
牛乳…大さじ1
水…250mℓ

〈きのこのトマトソース〉
しめじ…30g
まいたけ…30g
にんにくチューブ…小さじ1/4

C
カットトマト缶…160g
コンソメスープのもと…小さじ1/2
砂糖…小さじ1/2
水…50mℓ

ミニトマト（あれば）…4個
ブロッコリー（冷凍・あれば）…6房

作り方

1 しめじとまいたけはほぐす。フライパンにひき肉とAを入れ、卵を割り入れてよくこねる。

2 肉ダネをフライパンのまん中に寄せ、形をととのえる a 。火にかけ、両面に焼き色をつける。

3 フライパンのあいているところの1カ所にペンネを入れ、キッチンばさみでホワイトシチューのルウを切りながら加える b 。Bを注ぎ、ふたをして8分ほど煮込む。

4 もう1カ所のフライパンのあいているところににんにく、しめじ、まいたけを入れてサッといため、Cを加え c 、2～3分煮込む（その間にペンネの水分が飛んだら、水大さじ2を追加する）。火が通ったら、あればミニトマトと解凍したブロッコリーを添える。

ベーコン巻きハンバーグ 玉ねぎソース

材料（4人分）

合いびき肉… 400g
ロングベーコン… 8枚
卵… 1個

A
パン粉…大さじ1
焼き肉のたれ…大さじ1/2
塩…少々

〈玉ねぎソース〉
玉ねぎ…1/2個

B
しょうゆ…大さじ2
酒…大さじ2
砂糖…小さじ2
酢…小さじ1
にんにくチューブ…小さじ1/2
水…大さじ2

作り方

1 ひき肉のトレーに卵を割り入れ、Aを加えてよくこねる。

2 長めにラップを敷き、ベーコンを縦に8枚並べ、奥2cmほどをあけて1を広げる。ラップごとくるくると巻いてラップをはずし、フライ返しなどでベーコンの幅に合わせて切り分ける。

3 2を巻き終わりを下にしてフライパンに並べ、ベーコンに焼き色をつける。

4 火が通ったら玉ねぎをおろし器ですり入れ、Bを加えて3分ほど煮詰める。

\POINT/

ラップワザ で巻いたらフライ返しでカット。手で成形しなくても、一気に8個のハンバーグができちゃう！

袋ワザとラップワザ の組み合わせ。
1つずつ包まない手軽さを知ったら
もう普通には作れない!?

えびにら棒餃子

[調理時間 **20分**]

材料（4人分・40個分）

豚ひき肉…350g
むきえび…150g
にら…40g
餃子の皮…40枚

A
オイスターソース…大さじ1
しょうゆ…大さじ1
酒…大さじ1
しょうがチューブ…小さじ2
塩…少々

ごま油…大さじ4
（10個あたり大さじ1を使用）

水 …大さじ8
（10個あたり大さじ2を使用）

酢じょうゆ…適量

作り方

1 ポリ袋にえびを入れ、めん棒などでたたいてつぶす。ひき肉とAを加え、にらはキッチンばさみで1cm幅に切りながら加える。よくこね、袋の端を1cmほど斜めに切る。

2 長めにラップを敷き、餃子の皮を5枚並べて皮の端から端まで肉ダネをしぼる。ラップの手前を持ち、肉ダネに皮を合わせるように折りたたむ。皮に水（分量外）を塗り、奥から手前に折りたたんで包む。

3 ラップを開き、餃子をちぎり分けてフライパンに並べ入れる。残りも同様に作る。

4 10個につきごま油大さじ1を回しかけて火にかけ、焼き色がついたら水大さじ2を加え、ふたをして5分ほど蒸し焼きにする。ふたをとって加熱し、水分を飛ばす。残りも同様に焼く。皿に盛り、酢じょうゆを添える。

/POINT/

えびはしっかりつぶして、肉ダネを袋から出しやすくしてください。ひょーいっとしぼるのが楽しい！

ひき肉とじゃがいもの ボリュームオムレツ

材料（3～4人分）

合いびき肉…100g
卵…3個
じゃがいも…1個（100g）
塩、こしょう…各少々

A ┌ コンソメスープのもと …小さじ1と1/2
　│ 砂糖…小さじ1
　└ 牛乳…70mℓ

ゆでブロッコリー（あれば）…2房
好みでマヨネーズ…適量

作り方

1 フライパンにフライパン用クッキングシートを敷き、ひき肉をいためる。色が変わってきたら、じゃがいもをスライサーでせん切りにしながら加えていため、塩、こしょうを振る。

2 ボウルに卵を割り入れてしっかりとき、**A**を加えてまぜる。

3 1に火が通ったら2を流し入れ、くるくると全体をよくまぜ、ふたをして1分ほど加熱する。ふたをとり、弱火にしてシートごと折りたたみ、20秒焼いたらシートごとひっくり返し、さらに20秒焼いて固める。

4 皿に移してシートをはがし、あればゆでブロッコリーと好みでマヨネーズを添える。

﹨POINT／

紙ワザを使えば、ボリュームのあるオムレツをひっくり返すときも失敗しない！ 形もきれいにできます。

子どもたちに大人気のオムレツ！
わたし的にも、これを食べて
もらえたら栄養的に
なんだか安心するんです。

[調理時間] **15分**

紙ワザ

チーズカレーメンチカツ

[調理時間 **20分**]

カレーが余ったら、こんな活用方法はいかが？
完全に新しい料理に生まれ変わりますぜ！
紙ワザ で衣づけして、薄力粉や卵づけはカット。案外いけるものです。

材料（4人分）

豚ひき肉…450g
余ったカレー…120g
とけるスライスチーズ…4枚

A
┌ 焼き肉のたれ…大さじ1/2
│ 片栗粉…小さじ2
└ 塩…小さじ1/3

パン粉…適量
揚げ油…200mℓ
せん切りキャベツ（あれば）
　…適量

作り方

1 フライパンにクッキングシートを敷き、ひき肉とAを入れてよくこね、カレーを加えてよくこねる（カレーのじゃがいもやにんじんは手でつぶす）。

2 8等分し、半分に切ったスライスチーズを小さく折りたたみ、埋め込みながら丸める。

3 周りにパン粉をしっかりまぶす。

4 シートごととり出してフライパンに揚げ油を注ぎ、3を戻し入れて170度でこんがりと揚げる。油をきって皿に盛り、あればキャベツを添える。

| POINT |

スライスチーズは丸めて肉ダネにIN。たとえはみ出てもそれはご愛嬌。気にしなくてOK！

チーズイン肉いなり

[調理時間] **15分**

材料（4人分）

鶏ももひき肉…500g
油揚げ…4枚

A ┌ しょうゆ…小さじ2
　├ 砂糖…小さじ1
　└ 塩…少々

裂けるチーズ…5本
焼きのり（全形）…2〜3枚
パスタ…2本

B ┌ 水…50mℓ
　├ しょうゆ…大さじ1と1/2
　├ みりん…大さじ1
　├ 砂糖…大さじ1
　└ 酒…大さじ1

小ねぎ（あれば）…適量

作り方

1 油揚げはキッチンばさみで3辺を切って開き、内側を上にしてラップに広げる。

2 ひき肉のトレーにAを加えてよくこねる。1/4量を1にのせてのばし、油揚げの大きさに切った焼きのり、チーズを順にのせる。

3 手前から巻いて、巻き終わりに半分に折ったパスタを刺して留める。これを4本作る。

4 巻き終わりを下にしてフライパンに並べ、全体にこんがりと焼き色がついたらBを加え、ふたをして5分ほど煮込む。ふたをとり、水分を飛ばしながらたれをからめる。

5 皿に盛り、キッチンばさみでそれぞれ3等分に切り、あれば小口切りにした小ねぎを散らす。

絶対おいしいものだけを寄せ集めて
ラップワザ でくるっと巻いた肉いなり。
じゅわとろ食感を堪能して。
お弁当おかずにも喜ばれます！

\POINT/

肉いなり1本につき、裂けるチーズは1と1/4本がぴったりの長さ。キッチンばさみでカットして並べてね。

まな板&包丁いらず！

見た目もくるくるでかわいいおかず。
シンプルな塩味と梅干し、青じそのさわやかな
風味が口いっぱいに広がって
おいしく食べられます。

おかずにもおつまみにもいけます。
長いもをたっぷり入れてふわふわの食感に。
かさ増しの切り干し大根で
食べごたえもじゅうぶん！

フライパンで完結

豚しそ巻きステーキ [調理時間 20分]

材料（4人分）

豚バラ薄切り肉…600g
青じそ…12枚
梅干し…8個（約100g）
塩…適量
酒…50mℓ

作り方

1 ラップを長めに敷き、豚肉の半量を広げて隙間なく並べ、塩を振る。

2 青じそを横に3枚ずつ2列にのせ、梅干しを手で小さくちぎりながら散らし、手前からくるくると巻く。同様にもう1本作る。

3 2を巻き終わりを下にしてフライパンに並べ、全体に塩を振って焼く。全体に焼き色がついたら酒を加え、ふたをしてときどき上下を返しながら10分ほど蒸し焼きにする。

4 キッチンばさみで2cm幅に切って断面を焼き、両面にきれいな焼き色をつける。

｜POINT｜

ラップワザ はのり巻きの要領で、奥を少しだけあけて、接着スペースを確保するのがコツです。

明太チーズお好み焼き [調理時間 15分]

材料（2〜3人分）

長いも…300g
豚バラ薄切り肉…100g
卵…1個
からし明太子…30g（1/2腹）
切り干し大根…20g

A ┌ ピザ用チーズ…30g
　├ 片栗粉…大さじ2
　└ 白だし…小さじ1

ごま油…小さじ1
好みで中濃ソース、マヨネーズ、
　飾り用からし明太子、
　小ねぎなど…各適量

作り方

1 長いもはおろし器ですりおろしながらフライパンに入れる。

2 明太子は皮を縦に切って中身を出し、水でもどした切り干し大根とともにフライパンに入れ、卵を割り入れる。Aを加えてよくまぜ、豚肉を広げてのせ、ごま油を回し入れて焼く。

3 いったん皿に移してひっくり返し、両面を焼く。好みで中濃ソース、マヨネーズをかけ、明太子、小口切りにした小ねぎなどをのせる。

｜POINT｜

フライパンで材料を全部まぜて そのまま焼くだけ！　ボウルもお皿もいりません。

ごぼうの食感と風味が絶妙な一品。
こまぎれ肉とごぼうを丸めるときは
ぎゅっと強めに握って！

豚こまとごぼうのから揚げ

調理時間
20分

材料（4人分）

豚こまぎれ肉…600g
ごぼう…2/3本（60g）

A
- しょうゆ…大さじ1と1/2
- 砂糖…小さじ2
- にんにくチューブ…小さじ1

片栗粉…大さじ2
揚げ油…大さじ3
青じそ（あれば）…1枚

作り方

1 豚肉はキッチンばさみで食べやすい大きさに切りながらフライパンに入れ、**A**を加えてよくもみ込む。

2 ごぼうはピーラーで薄切りにしながら1に入れてよくまぜる。

3 片栗粉大さじ1を振ってよくまぜ、16等分して丸める。表面に片栗粉大さじ1をまぶす。

4 揚げ油を回し入れ、途中でひっくり返しながら全体をこんがりと揚げ焼きにする。あれば青じそを敷き、皿に盛る。

\POINT/

油はフライパンの縁からぐる〜っと1周するように回し入れて。**少ない油で揚げ焼き**にすれば片づけもラク。

材料（3~4人分）

鶏もも肉…2枚（600g）
卵…2個
塩…少々
片栗粉…小さじ2
サラダ油…小さじ2

〈たれ〉
しょうゆ…大さじ1と1/2
酒…大さじ1
みりん…大さじ1
砂糖…大さじ1

作り方

1 鶏肉はキッチンばさみでひと口大に切りながらフライパンに入れ、塩を振って片栗粉をしっかりまぶす。卵は割りほぐす。

2 フライパンにサラダ油を回しかけ、鶏肉がこんがりするまで加熱する。

3 キッチンペーパーで余分な油をふきとり、たれの材料を加えてしっかりからめる。鶏肉を端に寄せ、あいたところにとき卵を流し入れ、半熟になったら全体にからめる。

| POINT |

フライパンのあいたところに時間差で卵を入れて。ふわふわに仕上がります！

照り焼き親子いため

［ 調理時間 ］
15分

子どもも大人も安心する定番の甘辛だれ！
ごはんにのせてがっついても最高です。

洗い物1つ！

ホイルでチーズタッカルビ
ブロッコリーとえびのチョレギサラダ

ホイルで仕切れば、フライパンが汚れにくいです。
火にかけるときは、中に折り込んでください。
韓国風副菜も蒸し汁を使って同時にいっちゃって！
フライパンの隅でできたとは思えない満足の味。

ホイルで
チーズタッカルビ

材料（4人分）

鶏もも肉…2枚（600g）
キャベツ…160g
しめじ…80g
ピザ用チーズ…160g
塩…ひとつまみ

〈つけだれ〉

コチュジャン…大さじ2
はちみつ（砂糖でもOK）…大さじ2
しょうゆ…大さじ1
みそ…大さじ2
酒…大さじ1
にんにくチューブ…小さじ1

水…200mℓ

ブロッコリーとえびの
チョレギサラダ

材料（2~3人分）

むきえび（冷凍）…100g
ブロッコリー（冷凍でもOK）…100g
韓国のり…4枚

A
ごま油…大さじ1
いり白ごま…小さじ1
鶏ガラスープのもと…小さじ1/2
にんにくチューブ…小さじ1/4
塩…少々

作り方

1 鶏肉はキッチンばさみでひと口大に切ってトレーに入れ、塩を振り、つけだれの材料を加えてもみ込み、5分ほどおく a 。

2 フライパンにアルミホイルを敷き、キャベツは手でちぎり、しめじはほぐしながらのせる。1を広げてのせ、チーズを散らし b 、ホイルを内側に折る。

3 ホイルの外側に水を注ぎ、あいているところにえびとブロッコリーを入れる c 。ふたをして15分ほど加熱し、えびとブロッコリーをボウルにとり出す。再びふたをして10~15分加熱し、鶏肉に火を通す。

4 えびとブロッコリーの水けをキッチンペーパーで軽くふきとり、Aを加えてよくあえる。韓国のりをちぎりながら加え、サッとあえる d 。

a

b

c

d

材料（4人分）

鶏もも肉… 600g

A
- 酒… 大さじ1
- 白だし… 大さじ1
- 砂糖… 小さじ1
- 塩… 小さじ1/2
- にんにくチューブ… 小さじ1/2

〈衣〉

片栗粉… 大さじ4
卵… 1個
薄力粉… 大さじ2
青のり… 大さじ1と1/2
水… 大さじ3

揚げ油… 100mℓ
くし形切りレモン（あれば）… 1切れ

作り方

1 鶏肉はキッチンばさみで食べやすい大きさに切ってトレーに入れ、Aを加えてもみ込み、10分ほどおく。

2 ポリ袋に衣の材料を入れてよくもみまぜ、1を加えてからめる。

3 フライパンに並べて揚げ油を注ぎ、170度でカラリと揚げる。油をきって皿に盛り、あればレモンを添える。

| POINT |

衣の材料をすべて**ポリ袋**に入れて、そこに鶏肉をドボン。揚げるときは油を注いでから熱して。

のり塩味って、なんで
こんなにおいしいのか…。
ポリ袋を使って衣づけ すれば
洗い物が大幅に減るのです。

のり塩鶏天

［調理時間
20分］

ポリ袋で衣づけ

さっぱり油淋鶏（ユーリンチー）

[調理時間 **15**分]

手が込んでいるように見えるのに
ワンパン でできちゃう自慢の味！
ビールとの相性も抜群です。

材料（4人分）

鶏むね肉…2枚（600g）

A [酒…大さじ1
   塩…少々]

片栗粉…大さじ2と1/2
中華ねぎ塩だれ（p.74）… 大さじ1と1/2

〈たれ〉
しょうゆ… 大さじ1
砂糖…大さじ1
酢…大さじ1

揚げ油…大さじ3
せん切りキャベツ（あれば）… 適量

作り方

1 鶏肉はキッチンばさみで食べやすい大きさに切り、フライパンに入れてAをからめ、片栗粉をしっかりまぶす。

2 揚げ油を回し入れ、揚げ焼きにする。揚げている間に中華ねぎ塩だれを作る。

3 キッチンペーパーで余分な油を吸いとり、たれの材料を加えてからめる。

4 あれば皿にキャベツを敷き、3をのせて中華ねぎ塩だれをかける。

/ POINT /

味がぼけないようにキッチンペーパーで余分な油をとり除いてから、あいたところに調味料を入れます。

えびマヨ とうふでかさ増し

[調理時間 **20分**]

とうふは水きり直後は熱いので
タオルやミトンを使って袋でこねる と
早いです（待ったなし）。

材料（4人分）

むきえび…300g
木綿どうふ…200g
むき枝豆（冷凍）…60g

〈たれ〉
マヨネーズ…大さじ2
牛乳…大さじ1/2
レモン汁…大さじ1/2
はちみつ…小さじ1

A[片栗粉…大さじ2
  鶏ガラスープのもと…小さじ1]

片栗粉…大さじ1と1/2
揚げ油…大さじ3
せん切りレタス（あれば）…適量

作り方

1 たれの材料はまぜ合わせる。とうふは
キッチンペーパー2枚で包んで耐熱皿
に並べ、電子レンジで3分ほど加熱して
水けをきる。

2 ポリ袋にえびを入れて手であらめにつ
ぶし、とうふと解凍した枝豆、Aを加え、
やけどに注意しながらよくこねる。スプ
ーンですくって丸く成形し、フライパンに
入れる。

3 全体に片栗粉をまぶして揚げ油を回し
入れ、揚げ焼きにする。

4 油をきり、1のたれを加えてあえる。あ
れば皿にせん切りレタスを敷き、えびマ
ヨを盛る。

I POINT I

衣づけもフライパンで 行います。とう
ふと枝豆のかさ増しで、お財布にやさ
しくしました。

材料（3〜4人分）

シーフードミックス（冷凍）…250g
ブロッコリー（冷凍）…50g
厚揚げ… 1/2枚
しめじ…40g
ごま油…大さじ1
しょうがチューブ…小さじ1

A ┌ 白だし…大さじ2
  │ 酒…大さじ1
  │ 鶏ガラスープのもと…小さじ2
  └ 水…400mℓ

水どき片栗粉
（片栗粉大さじ2を同量の水でとく）

作り方

1 フライパンにごま油を熱し、しょうが、シーフードミックス、ブロッコリーを入れて焼く。

2 シーフードに火が通ってきたら、厚揚げはキッチンばさみで2cm角に切り、しめじはほぐしながら加え、**A**を加えて3分ほど煮込む。

3 火を止め、水どき片栗粉を回し入れ、再び火をつけ、1分ほどよくまぜてとろみをつける。

| POINT |

包丁いらずだからお手軽。片栗粉を入れるときは火を止めて、ダマになるのを防ぎます。

厚揚げのおかげでボリュームも満点！
ごはんにかけて中華丼に
するのもおすすめです。

海鮮塩うま煮

［ 調理時間 **15分** ］

包丁&まな板いらず！

材料（4人分）

めかじき…4切れ

A
- 酒…大さじ1
- 砂糖…小さじ2
- しょうゆ…小さじ2
- カレー粉…小さじ1
- にんにくチューブ…小さじ1/4

〈衣〉
片栗粉…大さじ2
カレー粉…小さじ1

揚げ油…大さじ2
ミニトマト（あれば）…1個

作り方

1 めかじきはキッチンばさみでスティック状に切ってトレーに入れ、**A**を加えてもみ込み、10分以上おく。

2 フライパンに衣の材料を入れてまぜる。

3 **1**の水けをキッチンペーパーで軽くふきとり、**2**に入れて衣をつける。

4 揚げ油を回し入れ、揚げ焼きにする。油をきって皿に盛り、あれば半分に切ったミニトマトを添える。

\POINT/

めかじきを トレーでつけて いる間に、 フライパンで衣づけ の準備をして時短に。衣は全体にしっかりつけて。

めかじきのカレースティック竜田

［調理時間 **20分**］

これ、子どもも大人もハマります。
下味をしっかり長めにつけるのを
おすすめします！

フライパンで衣づけ

麺つゆが合う和風味のガレット。
ツナはオイル漬けを使用する場合、
サラダ油は不要です。

ツナじゃガレット

[調理時間
15分]

フライパンで完結

材料（2〜3人分）

じゃがいも…大1個（200g）
ツナ缶（水煮）…1缶（70g）
塩昆布…7g

A ［ マヨネーズ…大さじ1
　　片栗粉…小さじ1
　　塩…少々 ］

好みで麺つゆ…適量
サラダ油…小さじ2

作り方

1 じゃがいもは洗い、皮をむかずに芽を
とり、スライサーでせん切りにしながら
フライパンに入れる。

2 汁けをきったツナと塩昆布、Aを加え
て全体をよくまぜる。

3 サラダ油を回しかけて両面をこんがり
と焼く。皿に盛って、キッチンばさみで
食べやすく切り、好みで麺つゆを添え
る。

\POINT/

じゃがいもは **スライサーで直接フラ
イパンに入れます。** 時短になるし、洗
い物も減る…いいことしかない！

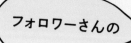

フォロワーさんの

質問に答えます
─ その2 ─

SNSに寄せられたフォロワーさんの質問に
まだまだ答えちゃいます。本書のレシピに関することから
家族のことまで、一気にどうぞ！

Q. 幼児食のとり分けに
おすすめのメニューは
ありますか？

A. ホイルでチーズタッカルビ(p.42)。コチュジャン抜きで調味すれば、子どもも大人もおいしく食べられますよ〜！(1歳以下のお子さんは、はちみつではなく砂糖で作ってくださいね) 大人はコチュジャン&チーズをあと入れで。

Q. 刃物が苦手です。
どうしたらいいでしょうか？

A. レタス、キャベツ、もやし、かに風味かまぼこなど手でちぎれる食材の活用はいかがでしょうか？ かに風味かまぼことレタスの塩焼きそば(p.65)もおすすめです♡

Q. 炊飯器レシピでお米に
芯が残ってしまった場合は
どうしたらいい？

A. 米3合に対して100mℓほどの水を回しかけてまぜ、10分ほど再加熱炊飯をしてみてください(芯が残りすぎている場合は水を150mℓほどに変更。かたさによって調整してください)。通常炊飯でうまく炊けない場合、炊き込みモードを使ってみるのもひとつの手！

Q. 炊飯器レシピの副菜を
アレンジするとしたら
野菜は何がおすすめ？

A. じゃがいもやさつまいも、とうもろこし以外の野菜なら、にんじん、里いもなどの根菜がいいですね。野菜から余分な水分が出にくいので、ごはんがべちゃっとせず、やわらかく仕上がります。

Q. 家族で仲よく過ごすために
気をつけていることはありますか？

A. 自分で自分の機嫌をとっていくこと！ こっそり高いケーキを食べたり、こっそり好きな漫画を読んだり、こっそりキッチン用品を新調したり。

Q. 夫婦で家事の分担は
どうしていますか？

A. 料理＝私、片づけ＝夫となんとなく定まっているのはいいんですが、それ以外はあやふや。お互いに「これ私(俺)やるの？」と内心思いながらやっている家事がほとんどです(笑)。家事をやってもらったら、お互いに「ありがとう」を言い合いたい(言えていない)。

Q. およねさんの由来は？

A. 旧姓が米田で、ずっと「米ちゃん」と呼ばれてきたことから。

Q. およねさんの将来の
ビジョンを教えて！

A. 家庭料理の楽しさと気楽さを伝える活動をたくさんできたら最高です！

みんなで
頑張ろう〜！

およね式
オフクロの味

およね家で何度もリピートしているメニューは
いわばBest of ラク調理。
もちろん味もお墨つきです。
ここでは家族が大好きな一品料理を集めました。
もし献立に迷ったらぜひ作ってみて。

ほったらかし調理OK！
あると便利なつけ焼き

時間があるときにサッと下ごしらえをして
調味料につけて焼くだけ。これだけで
あっという間に立派な主菜ができます。

およね式 つけ焼きの調理ワザ

● 野菜は 皮むき不要 ！
● 袋ワザ で洗い物が少ない！
● オーブン調理 でほったらかしOK！

Point

オーブンで
ほったらかしの間に
肉も野菜もとれる
主菜ができるのって
やっぱりうれしい。

およねのつけ焼き
おすすめPOINT

1
忙しい日に作業の分散ができる！

「今日の夜はバタつきそうだな～」なんて日は、朝のうちにつけて、夜、食べる直前に焼くことが多いです。半日つかっているから、味もよくしみておいしい！

2
ほったらかし焼きで心にゆとり！

オーブン調理だから加熱中は手があく！ きょうだいげんかが勃発するのは、なぜかいつも料理中(狙ってる?)そんなトラブルにも余裕をもって対応できる…はず(保証はしません)。

3
保存できるから作りおきにも最適！

作りおきはあまりしませんが、「来週はハードだぞ」というときに、ふとスイッチが入る。つけ焼きなら、作りおきに気合を入れすぎて体力を消耗するなんて事態も回避(個人の感想です)。

豚ステーキと根菜の
白だしづけ焼き

［作業時間
10分］

材料（4人分）

豚ロース肉
（とんかつ用・
筋切りして全体を
フォークで刺す）
4枚

にんじん
（乱切り）
150g

れんこん
（乱切り）
150g

白だし
大さじ3

ごま油
大さじ2

酒
大さじ1

砂糖
小さじ2

酢
小さじ1

にんにく
チューブ
小さじ½

作り方

1 ポリ袋にごま油以外の材料を（冷凍保存する場合は保存袋）入れてよくもみ、20分以上おく。

2 天板にクッキングシートを敷いて**1**を並べ、ごま油を全体に回しかけ、250度に予熱したオーブンで15分焼く。

保存期間
冷蔵3～4日　冷凍2週間

このまま
保存もOK！

━ おすすめ献立 ━

副菜
熱湯春雨ひじきサラダ
(p.58)

汁物
すくいどうふと
鶏そぼろの豆乳スープ
(p.57)

これで完璧！

Point
完全なおつまみ
レシピですが、意外と
子どもにも人気です。
黒こしょうの量は
好みで調整を。

Point
生のしょうがを
使うのがおすすめ。
気づいたら何本も
平らげている
危険がある一品
（気をつけて）。

手羽中塩ペッパー

[作業時間 **5分**]

材料（4人分）

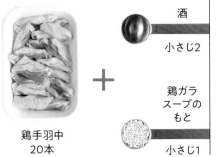

鶏手羽中
20本

＋

酒
小さじ2

鶏ガラ
スープの
もと
小さじ1

にんにく
チューブ
小さじ1

好みで
あらびき
黒こしょう
小さじ1

塩
小さじ1/2

このまま
保存もOK！

作り方

1 ポリ袋（冷凍保存する場合は保存袋）に
すべての材料を入れてよくもみ、20
分以上おく。

2 天板にクッキングシートを敷いて1を
並べ、200度に予熱したオーブンで
17分焼く（好みでレモンを添えてもOK）。

(保存期間)
冷蔵3〜4日　冷凍2週間

| おすすめ献立 |

これで
完璧！

副菜
熱湯で！
ピーかまの
塩昆布あえ
（p.58）

＋

汁物
ちぎりウインナと
ほうれんそうの
スープ
（p.56）

手羽元のしょうが照り焼き

[作業時間 **5分**]

このまま
保存もOK！

材料（4人分）

鶏手羽元
（全体をフォークで刺す）
10本

しょうが
30g

＋

しょうゆ
大さじ3

はちみつ
大さじ3

酒
大さじ1

作り方

1 しょうがはおろし器ですりおろし、残りの材料ととも
にポリ袋（冷凍保存する場合は保存袋）に入れてよくもみ、
30分以上おく。

2 天板にクッキングシートを敷いて1を並べ、180度に
予熱したオーブンで25分焼く。

(保存期間)
冷蔵3〜4日　冷凍2週間

| おすすめ献立 |

これで
完璧！

副菜
熱湯ナムル
（p.58）

＋

汁物
えのきだけとにらの
春雨スープ
（p.57）

電子レンジで一発！
包丁いらずの汁物

コンロを占領しがちな汁物も
レンジでサッとできたらいいな〜と
思って考えました。時間がない
お一人様ランチにも重宝します。

およね式　汁物の調理ワザ

● 加熱はすべて電子レンジのみ！
● まな板、包丁、鍋は使わない！
● 食べる器で調理して洗い物を1つにする

えびトマクリームスープ ［調理時間 **5分**］

材料（1人分）

むきえび（冷凍）… 2〜3尾
ブロッコリー（冷凍）… 3〜4房

A
- カットトマト缶… 50g
  （トマトケチャップ大さじ1でもOK）
- コンソメスープのもと… 小さじ1
- 砂糖… 小さじ1/4
- にんにくチューブ… 小さじ1/4
- 牛乳… 200mℓ

オリーブ油… 適量
好みで黒こしょう… 適量

作り方

1 えびは半解凍させ、キッチンばさみで1cm幅の食べやすい大きさに切りながら耐熱の器に入れる。

2 ブロッコリー、Aを加えてまぜ、電子レンジで3分ほど加熱する。

3 オリーブ油を回しかけ、好みで黒こしょうを振る。

コクのある
えびのクリームスープに
さっぱりとした
トマトがマッチ。
レンジで作った とは
わかるまい。

ちぎりウインナと
ほうれんそうのスープ ［調理時間 **5分**］

材料（1人分）

ウインナソーセージ… 2本
ほうれんそう（冷凍）… 20g

A
- コンソメスープのもと… 小さじ1と1/2
- 水… 200mℓ

作り方

1 ウインナは手で食べやすく3〜4等分にちぎり、耐熱の器に入れる。

2 ほうれんそうとAを加えてまぜ、電子レンジで4分ほど加熱する。

ウインナって
手でちぎれる の？
ちぎれます。
ここは意地です。
ちぎりましょう。

えのきだけとにらの春雨スープ

調理時間 **5分**

材料（1人分）

えのきだけ…20g
にら…20g
乾燥春雨…15g

A ［ しょうゆ…小さじ2
鶏ガラスープのもと…小さじ1
砂糖…小さじ1/4
にんにくチューブ…小さじ1/4
水…200mℓ ］

作り方

1 えのきとにらはキッチンばさみで2〜3cm長さに切りながら耐熱の器に入れる。

2 春雨とＡを加えてまぜ、電子レンジで4分ほど加熱する。

春雨入りだからこれだけでおなかも満足できる一杯。鍋がなくても汁物はまかせて。

しょうががきいたあっさり味。キッチンばさみで包丁いらずです。ほっとしたいときにどうぞ。

油揚げとわかめのしょうがスープ

調理時間 **5分**

材料（1人分）

油揚げ…1/2枚
乾燥わかめ…ひとつまみ

A ［ 白だし…大さじ1
しょうがチューブ…小さじ1
水…200mℓ ］

ごま油…小さじ1

作り方

1 油揚げはキッチンばさみで細切りにしながら耐熱の器に入れる。

2 わかめとＡを加えてまぜ、電子レンジで4分ほど加熱する。

3 ごま油を回しかける。

すくいどうふと鶏そぼろの豆乳スープ

調理時間 **5分**

材料（1人分）

絹ごしどうふ…50g
鶏そぼろ（市販）…大さじ2
水菜…30g
豆乳（無調整でもOK）…200mℓ
白だし…大さじ1

作り方

1 とうふはスプーンですくいながら、水菜はキッチンばさみで3cm長さに切りながら耐熱の器に入れる。

2 残りの材料を加えてまぜ、電子レンジで4分ほど加熱する。

鶏そぼろのびん詰めってなぜか余る！そんなときはスープにしちゃうとスープにしちゃうと味の決め手になります。

熱湯で一発！
ほったらかし副菜

熱湯を注いで放置したら
あとは調味料とあえるだけ！
鍋で野菜をいちいちゆでなくても
おいしくできます。もはや
全副菜がこれでいい説。

A

3種類の野菜をゆでるのが
「めんどっ」となって
熱湯でなんとかすることにしたら
これがうまい！
倍量で作ってもOK。

B

これさえあれば
栄養的に○Kじゃない？
と思える副菜。
好みでハムを追加しても
おいしいです。

C

ピーマンの加熱と一緒に
油揚げの油抜きも
しちゃおう作戦。
油揚げはよくしぼると
味がぼけずに
まとまります！

A 熱湯ナムル ［調理時間 **10**分］

材料（2～4人分）

もやし…150g
にんじん…1/2本
小松菜…2株（60g）

A ［
オイスターソース …小さじ2
しょうゆ…小さじ1
ごま油…小さじ1
鶏ガラスープのもと
　　　…小さじ1/2
塩…少々
］

いり白ごま…適量

作り方

1 にんじんはスライサーでせん切りに、小松菜はキッチンばさみで3cm長さに切りながら耐熱ボウルに入れる。

2 もやしを加え、ひたひたの熱湯を注いで3分ほどおく。水けをよくきり、味がぼけないように余分な水分をしっかりとり除く。熱いうちにAであえてごまを振る。

\POINT/

熱湯をかけて放置するだけ。お湯はひたひたまで注いで全体を温めるのが、ちょうどいいシャキシャキ感をキープするコツ！

B 熱湯春雨ひじきサラダ ［調理時間 **10**分］

材料（2～4人分）

乾燥春雨… 40g
にんじん…1/3本
乾燥ひじき… 大さじ1
水菜…1株（50g）

A ［
マヨネーズ…大さじ2
ごま油…小さじ2
砂糖…小さじ1
酢…小さじ1
］

作り方

1 耐熱ボウルに春雨を入れ、にんじんはスライサーでせん切りにしながら入れる。

2 ひじきを加え、ひたひたになるまで熱湯を注いで3分ほどおく。水けをよくきり、味がぼけないように余分な水分をしっかりとり除く。キッチンばさみで春雨を食べやすい長さに切る。

3 食べやすく切った水菜、Aを加えてあえる。

\POINT/

春雨は別ゆで不要！ やわらかくしてから豪快にキッチンばさみで切りましょう。

C 熱湯で！ ピーかまの塩昆布あえ ［調理時間 **10**分］

材料（2～4人分）

ピーマン …3個
かに風味かまぼこ…3本
油揚げ…1枚

A ［
塩昆布…6g
塩…少々
］

ごま油…小さじ1
いり白ごま…適量

作り方

1 ピーマンはへたを指で押して穴をあけ、種ごとへたを引っ張ってとり、キッチンばさみで1cm幅に切る。油揚げは横半分に切ってから0.5cm幅に切る。

2 1を耐熱ボウルに入れ、ひたひたの熱湯を注いで2分ほどおく。水けをよくきって、サッと洗い、味がぼけないように余分な水分をしっかりとり除く。油揚げは水けをしぼる。かにかまは手で裂きながら加える。

3 Aを加えてあえ、皿に盛る。ごま油を回しかけ、ごまを振る。

\POINT/

ピーマンは指でへたを押して種ごと引っ張ると、簡単に下処理ができて時短になります。

絶対はずさない！
およね家の麺物

休日はサッとできて、家族も大好きな
麺類の出現率が高めです。
喜ばれるし、作るほうもラク！
何度も作っている
鉄板メニューを紹介します。

余り物を転生！

休日はパスタ率が高めのおよね家。
娘が大好き、わが家の定番パスタはこれだ！

のりの佃煮で和風シーフードパスタ

[調理時間 **20分**]

材料(4人分)

スパゲッティ…400g
むきあさり(冷凍)…140g
むきえび(冷凍)…120g
しめじ…80g
にんにく…2かけ
オリーブ油…大さじ1

A ┌ 麺つゆ…大さじ2
　│ のりの佃煮(市販)…大さじ1
　│ 白だし…大さじ1
　└ バター…10g

ゆで汁…40mℓ(お玉の8割くらいの分量)
好みで貝割れ菜、いり白ごま、刻みのり…各適量

作り方

1 スパゲッティは塩を入れたたっぷりの熱湯で袋の表示時間より1分短くゆでる。にんにくはみじん切りにする(みじん切り器を使うとラク)。
目安：水3ℓに対して塩大さじ1、塩分濃度0.5%が理想ですが、できる範囲で。

2 フライパンにオリーブ油とにんにくを入れ、香りが出るまで弱火で加熱する。

3 あさり、えびを加えて加熱し、えびに半分火が通ってきたら、しめじをほぐしながら加えていためる。しんなりしてきたら、**A**を加えてよくからめる。

4 スパゲッティがゆで上がったら3のフライパンに加え、ゆで汁を加えてまぜ、いためながら味をなじませる。皿に盛り、好みで貝割れ菜をのせ、ごまを振って刻みのりをのせる。

| POINT |

のりの佃煮が使い切れずに余ったときは、パスタの 調味料に転生。絶対おいしいから。

材料（4人分）

スパゲッティ…400g
豚バラ薄切り肉…160g
ねぎ…60g
エリンギ…60g
にんにく…2かけ
ごま油…大さじ1

A
┌ 麺つゆ…大さじ2
│ コチュジャン…小さじ2
│ 鶏ガラスープのもと
└ 　　…小さじ1

ゆで汁…40㎖
（お玉の8割くらいの分量）
好みで韓国のり、いり白ごま、
　糸とうがらし…各適量

作り方

1 スパゲッティは塩を入れたたっぷりの熱湯で袋の表示時間より1分短くゆでる。豚肉はキッチンばさみで4cm幅に切りながらフライパンに入れる。にんにくはみじん切りにする（みじん切り器を使うとラク）。
目安：水3ℓに対して塩大さじ1、塩分濃度0.5％が理想ですが、できる範囲で。

2 フライパンにごま油とにんにくを加え、香りが出るまで弱火で加熱する。

3 豚肉に火が通ってきたら、エリンギはキッチンばさみで薄切り、ねぎは斜め切りにしながら加えてサッといため、Aを加えてよくからめる。

4 スパゲッティがゆで上がったら3のフライパンに加え、ゆで汁を加えてまぜ、いためながら味をなじませる。皿に盛り、好みでちぎった韓国のりを散らし、ごまを振って糸とうがらしをのせる。

| POINT |

豚肉は **直接フライパンに切って入れます。**
バットなど材料を待機させる器は不要です。

がっつり豚バラ韓国風パスタ

［ 調理時間 **20分** ］

がっつりいきたいときは、これ一択！
コチュジャンの量は
好みで調整して。

まな板＆包丁いらず！

ブロッコリーとじゃこのオイルペンネ

調理時間
20分

フライパンに全部入れて煮込む だけ。
洗い物が少ないうえに
食べたときの満足度も高い一品。

フライパンで完結

材料（3〜4人分）

ペンネ…320g
　（10分ゆでのもの）
ブロッコリー…160g（冷凍でもOK）
しらす干し…50g

A
- にんにく…1かけ（みじん切り）
- オリーブ油…大さじ2
- コンソメスープのもと…小さじ1
- 塩…小さじ1
- 水…600mℓ

粉チーズ…適量

作り方

1 ブロッコリーは小房に分けながらフライパンに入れ、ペンネと **A** を加えて半分ふたをし、袋の表示時間より2分ほど長めにゆでる。

2 ふたをとって水けを飛ばし、ブロッコリーをつぶしながらまぜ、しらすを加えてあえる。皿に盛り、粉チーズを振る。

| POINT |

ふたをずらしてゆでるのがコツ。味見をしてペンネに芯が残っているようなら、さらに1分ほど加熱して。

体力がほぼゼロの金曜に出る確率が超高いレシピ。
好みの野菜を追加して楽しんでください。

金曜日のカレーうどん

調理時間
15分

鍋1つで完成！

材料（4人分）

ゆでうどん…4玉
小松菜…2株
ツナ缶（水煮）…3缶（210g）
ホールコーン…80g
水…1.6ℓ
だしパック…1袋
カレールウ…3かけ

A 麺つゆ…大さじ4
白だし…大さじ1

水どき片栗粉
（片栗粉大さじ3を同量の
水でとく）

作り方

1 鍋に水とだしパックを入れ、沸騰したらだしパックをとり出す。

2 汁けをきったツナ、コーンを加え、小松菜はキッチンばさみで3〜4cm長さに切りながら、カレールウはキッチンばさみで小さく切りながら加え、**A**を加えて煮立たせる。

3 ルウが完全にとけたら水どき片栗粉でとろみをつけて再び煮立たせ、うどんを加えて1分ほど煮込む。

POINT

ツナやコーンなど **そのまま使える食材を投入** すると、よりラクに作れます。

かに風味かまぼことレタスの塩焼きそば

[調理時間]
10分

材料(4人分)

焼きそば麺…4玉
かに風味かまぼこ…80g
レタス…150g
ごま油…大さじ2
水…大さじ4

A
- 白だし…大さじ1と1/2
- 鶏ガラスープのもと…小さじ2
- 塩…小さじ1/4

作り方

1 フライパンに焼きそば麺とごま油を入れ、水を回しかけて火にかけ、麺をほぐしながら焼きつける(麺の一部がこんがりするとおいしい)。

2 かにかまを手で裂きながら加え、Aを加えて味をなじませる。

3 レタスをちぎり入れ、少ししんなりするまでサッとまぜる。

子どもたちも大好きな一品です。
献立に迷ったら塩焼きそば!
サッといためて、ハイ完成。

/ POINT /

食材は **手でちぎればOKのものオンリー!** だから早い。もはやキッチンばさみもいらない。大人は好みで黒こしょうを振って。

まな板&包丁いらず!

夫によくリクエストされる油そばです。
ぜひ太麺で頑張ってほしい。

パパのイチ押し油そば

調理時間
15分

食べるときは
よくまぜて！

鍋1つで完成！

材料（4人分）

中華麺（太麺）…4玉
鶏ささ身…2本

〈たれ〉
しょうゆ…大さじ3
オイスターソース…大さじ3
ごま油…大さじ3
砂糖…大さじ1/2
鶏ガラスープのもと…小さじ1
酢…小さじ1

好みで卵黄…4個分
好みで焼きのり…小8枚
好みで紅しょうが、貝割れ菜…各適量

作り方

1 たれの調味料はまぜ合わせる。ささ身は菜箸で穴をあける。

2 鍋に湯を沸かし、中華麺とささ身をゆでる。

3 ざるに上げ、冷水でしめる。ささ身は食べやすい大きさにほぐす。

4 器に麺を盛り、たれ大さじ1〜1と1/2をかけ、よくあえる。ささ身、紅しょうが、貝割れ菜をのせてまん中に卵黄を落とし、のりを添える。

| POINT |

ささ身は菜箸やフォークなどで全体に穴をあけておくと、火が通りやすくなります。

材料（4人分）

中華麺…4玉
豚ひき肉…100g
卵…2個
ねぎ…1/2本
ごま油…大さじ1
にんにくチューブ
　…小さじ1/2

〈スープ〉

鶏ガラスープのもと
　…大さじ1と1/2
しょうゆ…大さじ1と1/2
オイスターソース…大さじ1
麺つゆ…大さじ1
塩…小さじ1
水…1.6ℓ

好みで食べるラー油…適量

作り方

1 鍋にごま油を入れて火にかけ、にんにくとひき肉を入れていためる。

2 ひき肉に火が通ったら、スープの材料を加えて3分ほど煮る。卵は割りほぐす。ねぎはキッチンばさみであらいみじん切りにしながら鍋に加える。

3 ひと煮立ちしたら、とき卵を回し入れる。

4 中華麺はサッと洗って粉を落とし、3に加える。袋の表示時間どおりに煮て器に盛り、好みで食べるラー油をかける。

肉たまラーメン

［調理時間 **15分**］

娘から「うん、これおいしいね」いただきました。
辛いのが苦手なかたは
食べるラー油は
なしでもOK！

／POINT／

麺は鍋で別ゆでしなくても、水で洗ってから入れれば、わりと大丈夫。粉を落としておくのがポイント。

鍋1つで完成！

リピート間違いなし！
クイックおつまみ

簡単で絶対にまた作りたくなるおつまみです
（おつまみだけど、子どもたちからも人気）。
あと一品ほしいときの副菜としてもおすすめします！

長いもの赤じそふりかけづけ

[調理時間 **3分**]

ただただ私が好きな
包丁いらずのおつまみ。
30分以上おいておくと
味がなじんでおいしいです。

材料（2〜3人分）

長いも…200g

A ┌ 白だし…大さじ1
　├ 砂糖…小さじ1/2
　└ 赤じそふりかけ…1g

作り方

1 長いもはピーラーで皮をむく。ポリ袋
に入れてめん棒でたたき割り、手で食
べやすい大きさに割る。

2 Aを加えてよくもみ、30分以上おく。

ブロッコリーのステーキ

[調理時間 **3分**]

材料（2〜3人分）

ブロッコリー … 200g（冷凍でもOK）
ごま油 … 小さじ2
塩 …少々

A ┌ オイスターソース …小さじ1
　├ しょうゆ …小さじ1/2
　└ にんにくチューブ …小さじ1/4

これも包丁いらず。
野菜の中でこれだけは
子どもたちが
とり合うんです。
2日に1回は食卓に上る一品。

作り方

1 ブロッコリーはキッチンばさみで小房
に分けながら（冷凍の場合は水につけて半
解凍し、水分をしぼってから）フライパンに
入れ、ごま油を回し入れて火にかける。

2 塩を振り、Aを加えて全体にからめな
がらいためる。

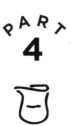

PART 4

爆速で味が決まる！
およねだれ

わが家自慢のたれを使って
簡単に満足度の高いひと皿を仕上げます。
市販のドレッシングがなくても
あっという間にできて、しかもおいしい。
サラダにはもちろん、おかずから軽食まで
大活躍すること間違いなし！

みそマヨだれ

コクうま！

調理時間 **3分**

材料
（130g・作りやすい分量）

みそ
大さじ2

マヨネーズ
大さじ2

はちみつ
（砂糖でもOK）
大さじ2

ごま油
大さじ1/2

にんにく
チューブ
小さじ1/2

作り方
すべての材料をまぜ
合わせる。

みそマヨだれのはちみ
つは砂糖で代用しても
OK。好みで七味とうが
らしを足してもおいし
いです。

みそマヨ野菜スティック

調理時間 **5分**

材料（2人分）

大根…40g
きゅうり…1/2本
にんじん…1/4本
ゆでブロッコリー…4房
ミニトマト…2個
みそマヨだれ…適量

作り方

大根、きゅうり、にんじんは
スティック状に、ミニトマト
は半分に切る。ゆでブロッ
コリーとともに皿に盛り、
みそマヨだれを添える。

切って出すだけ！
子どもたちに野菜をたくさん
食べてほしいときは、これ一択。
好みの野菜で代用OKです。

みそマヨ焼きおにぎり

調理時間 **10分**

材料（2個分）

ごはん…260g
みそマヨだれ…大さじ1
好みで青じそ…2枚

作り方

ごはんをおにぎりにして片面に
みそマヨだれを塗り、オーブントー
スターでこんがりするまで焼く。
好みで青じそを巻く。

たれは多めに塗ると
おいしいです。

\POINT/

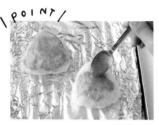

いつものおにぎりに たれを塗るだけ。
みそマヨが味つけの頼りなので、おに
ぎりの角にもしっかり塗って。

みそマヨツナのオープンサンド

調理時間 **10分**

材料（1人分）

カンパーニュ（好みのパンでOK）…1枚
ツナ缶（水煮）…1缶
みそマヨだれ…小さじ2
ピザ用チーズ…適量

作り方

汁けをきったツナ缶にみそマヨだれを加えて
よくあえる。パンに塗ってチーズを散らし、オー
ブントースターでこんがりと焼く。

優雅な朝食に
したいときに
やってほしい
のせて焼くだけの
パンアレンジです。

\POINT/

缶の中でまぜて しまえば小皿はいら
ないです。

71

耐熱ボウルのみ でおかずができる。
「あー、もうフライパン出したくないわ」
ってときはこれで！

豚みそキャベツ

調理時間
15分

材料(3~4人分)

豚ロース薄切り肉…350g
キャベツ…200g
みそマヨだれ …大さじ2
酒…大さじ1
小ねぎ(あれば)…適量

作り方

1 豚肉は耐熱ボウルにほぐしながら入れ、キャベツをちぎり入れる。

2 酒を加え、ふんわりラップをして電子レンジで5分ほど加熱する。いったんとり出して全体をまぜ、再びふんわりラップをして5分ほど加熱する。

3 全体に火が通ったら、みそマヨだれを回しかけてよくあえる。皿に盛り、あれば小口切りにした小ねぎを散らす。

/POINT/

肉→キャベツの順で重ねると、火が通りやすくなります。

みそマヨポテサラ

調理時間 **15分**

材料（2～4人分）

じゃがいも…3個
青じそ…3枚
みそマヨだれ…大さじ1と1/2
酢…小さじ1/2

作り方

1 じゃがいもは洗って芽をとり、ぬれたキッチンペーパーで包んでラップで包む。電子レンジで9分ほど加熱し、あら熱がとれるまで蒸らす。

2 ラップ、キッチンペーパーをとって（やけどに注意！）ボウルにじゃがいもを入れ、スプーンなどでつぶす。酢を回しかけてみそマヨだれを加え、青じそをちぎり入れてあえる。

|POINT|

レンチンで、じゃがいもを 鍋でゆでる手間をカット。加熱時間は150gくらいのじゃがいも1個あたり3分を目安に。皮はむかなくてOK！

マヨネーズ味のポテサラに飽きたら
ぜひ試してみて。
青じそであと味もさっぱり！

万能！

中華ねぎ塩だれ

[調理時間 **5分**]

材料
（130g・作りやすい分量）

ねぎ
60g

ごま油
大さじ3

白だし
大さじ2

鶏ガラスープ
のもと
小さじ1

いり白ごま
小さじ1

砂糖
小さじ1/2

酢
小さじ1/2

作り方

ねぎはみじん切り器に
入れて細かくし、すべての
調味料をまぜ合わせる。

ねぎは青い部分も入れると見
た目がよくなります。

おすすめしたい食べ方が
オン・ザ・ライス！
これだけでごはんが進みます。

ゆで卵の
カルパッチョ

[調理時間 **3分**]

材料（2〜4人分）

ゆで卵（半熟）…4個
中華ねぎ塩だれ…大さじ1と1/2

作り方

ゆで卵は縦半分に切り、皿に
盛って中華ねぎ塩だれをかける。

ひと口モッツァレラと
ミニトマトの
ねぎだれづけ

作業時間 **3分**

材料（2～4人分）

ひと口モッツァレラ…20個
ミニトマト…3個
中華ねぎ塩だれ…大さじ3

作り方

1 ポリ袋に中華ねぎ塩だれとモッツァレラを入れ、20分ほどおく。

2 ミニトマトは4等分に切り、皿に盛って1をのせる。

\POINT/

ポリ袋 でモッツァレラをつけるだけ。20分以上おいておくとしっかり味がしみ込みます。

おつまみにぴったり！ 夕方にサクッとつけておけば夜の晩酌タイムが至福に。

あと一品！
ちょっと肉もほしい！
なんてときにかなり使えます。

ささ身と
きゅうりの
中華サラダ

調理時間 **10分**

材料（2～4人分）

鶏ささ身…3本
きゅうり…1/2本
中華ねぎ塩だれ…大さじ2
好みで七味とうがらし…適量

作り方

1 ささ身は耐熱ボウルに入れてつかるくらいの熱湯をかけ、電子レンジで3分ほど加熱する。

2 湯を捨て、あら熱をとってほぐす。きゅうりはスライサーでせん切りにしながら加える。

3 中華ねぎ塩だれを加えてあえる。皿に盛り、好みで七味とうがらしを振る。

\POINT/

熱湯をかけて 電子レンジの加熱時間を短くします。とり出すときはやけどに気をつけて！ ささ身はフォークなどで穴をあけておくと、火が通りやすくなります。

食べたら、「えっ、こんなに簡単なのにしっかり副菜じゃん」と
作った自分も驚きます。

レンチン中華なす [調理時間 10分]

材料（4人分）

なす…3個
中華ねぎ塩だれ…大さじ2
好みで糸とうがらし…適量

作り方

1 なすはへたをとり、1つずつラップで包んで耐熱皿に並べ、電子レンジで3分30秒ほど加熱する。

2 ラップをとり、あら熱がとれたら手で縦8等分に裂く。

3 皿に盛り、中華ねぎ塩だれをかけ、好みで糸とうがらしをのせる。

| POINT |

なすは ラップで1つずつ包んでレンチン。火を使わずにできるお手軽おかずです。

えびパン 〔調理時間 **15分**〕

材料(2人分)

食パン(6枚切り)…1枚
　(薄めがサクッとしておすすめ)

むきえび(冷凍)…60g

A ┌ 中華ねぎ塩だれ …大さじ1
　└ 片栗粉…小さじ2

揚げ油…100mℓ

作り方

1 えびは解凍し、みじん切り器に入れて細かくし、**A**を加えてよくまぜる。

2 厚さを半分にし、さらに三角に切った食パンに**1**を塗る。

3 フライパンに揚げ油を熱し、**2**をえびを塗った面を下にして揚げ焼きにする。火が通ったらひっくり返し、反対もこんがりと揚げる。

みじん切り器でえびを細かくし、そこに中華ねぎ塩だれをIN！あっという間に完成。

変わり種のアレンジですが、1回は試してほしい！
夫が悶絶した絶品揚げパンです。

さっぱり！

梅だれ

調理時間
3分

材料
（130g・作りやすい分量）

梅干し
4〜5個（60g）

麺つゆ

大さじ2

ごま油

大さじ1

作り方
梅干しは種をとり除き、みじん切り器に入れて細かくし、すべての材料をまぜ合わせる。

朝の一杯にいかがでしょう。
シャキッとしますぜ。

梅だれ即席スープ

調理時間
3分

材料（1人分）
乾燥わかめ…ひとつまみ
梅だれ…大さじ1
熱湯…150mℓ
小ねぎ…適量
いり白ごま…適量

作り方
器にわかめと梅だれを入れて熱湯を注ぎ、軽くまぜる。小口切りにした小ねぎとごまを散らす。

| POINT |

熱湯を注ぐだけで 立派なスープになります。

かんぱちの梅だれユッケ

［調理時間 **5分**］

材料（2〜4人分）

かんぱち（刺し身用）…150g
梅だれ …大さじ1と1/2
小ねぎ…適量
いり白ごま…適量
卵黄 …1個分

作り方

1 かんぱちは角切りにする。小ねぎは小口切りにする。

2 ボウルに1と梅だれ、ごまを入れてあえる。

3 皿に盛り、まん中に卵黄を落とす。

|POINT|

材料を ボウルに入れてあえるだけ。おつまみとしてもおかずとしても◎です。

日本酒と一緒に
楽しみたい一品です。

たことオクラの梅あえ

［調理時間 **5分**］

材料（2人分）

オクラ…3本
たこ（刺し身用）…150g
梅だれ …大さじ1と1/2
かつお節…適量

|POINT|

オクラは 熱湯&レンチン でサッと火を通します。気になる場合は板ずりしてもOK。

作り方

1 オクラは耐熱ボウルに入れてつかるくらいまで熱湯を注ぎ、電子レンジで2分ほど加熱する。

2 湯を捨て、あら熱がとれたらキッチンばさみで斜め切りにする。たこは食べやすい大きさの乱切りにしながらボウルに加え、梅だれを加えてあえる。

3 皿に盛り、かつお節を振る。

たことオクラは絶対においしい
安定の組み合わせ。
おつまみにも最高です！

脂が多いとんとろには
さっぱりとした
梅味が合うんです。

とんとろ梅だれ [調理時間 10分]

材料（2〜3人分）

とんとろ…250g
塩…少々
梅だれ…大さじ2
好みで青じそ…2枚

作り方

1 とんとろはフライパンに入れて塩を振り、こんがりと焼く。

2 皿に盛り、梅だれをかけ、好みでせん切りにした青じそをのせる。

\POINT/

焼くときに 塩を振って下味をつけます。カリッと香ばしく焼くのがポイントです。

皿だけ梅チャーハン

材料（1人分）

ごはん…150g
卵…1個
小ねぎ…2本
塩…少々
梅だれ…大さじ1と1/2
好みでかつお節…適量

作り方

1 深さのある耐熱皿にごはんを入れ、卵を割り入れて塩を軽く振り、全体をまぜる。

2 小ねぎはキッチンばさみで小口切りにしながら加え、さらにまぜて全体を平らにし、電子レンジで2分ほど加熱する。

3 梅だれを回しかけてあえ、平らにしてさらに3分ほど加熱する。

4 全体をふわっとよぜ、好みでかつお節を振る。

/POINT/

お米ひと粒ひと粒に卵液がからむようにしっかりとまぜましょう。 レンチン＆お皿1枚 でチャーハンができちゃう。

おうちランチにどうぞ。
本当にこれでできるの？と
思うかもしれませんが大丈夫！

3世代が喜ぶイベントごはん

家族みんなが思わずうれしくなるような
特別な日のメニューです。
見た目のインパクトもあるので
食卓が盛り上がること
間違いなし！

豪快！ステーキのガーリックパエリア

[調理時間 **40分**]

材料（4人分）

米…2合（洗わなくてOK）
牛ロース肉（ステーキ用）…600g
パプリカミックス（冷凍）…100g
　（生の場合は5mm幅に切る）
にんにく…2かけ
オリーブ油…大さじ2
塩…少々

A [
カットトマト缶…1/2缶（200g）
コンソメスープのもと…小さじ2
塩…小さじ1/2
白ワイン…50mℓ
水…400mℓ
]

作り方

1 にんにくは1かけは薄切りに、もう1かけはみじん切りにする。

2 フライパンにオリーブ油大さじ1、薄切りにしたにんにくを入れて弱火でじっくり加熱し、にんにくチップを作る。茶色くなったらとり出す。

3 牛肉は塩を振り、フライパンに入れて片面2〜3分ずつ焼き、両面に焼き色がついたら、とり出してアルミホイルで包んで休ませる。

4 フライパンにオリーブ油大さじ1を熱し、みじん切りにしたにんにくを入れ、香りが立ったら米を加えて半透明になるまでいためる。

5 Aを加え、ふつふつとしてきたらパプリカを彩りよく並べ、ふたをして弱火で20分炊く（ごはんの芯が残っているようならもう5分ほど弱火で炊き、火を止めてふたをし、5分ほど蒸らす）。中火にして30秒ほど水分を飛ばす。

6 3をホイルからとり出し、食べやすく切って5にのせ、にんにくチップを散らす。

/POINT/

両面に焼き色をつけて **ホイルで包んでおく** と、余熱でちょうどいいレア具合に仕上がります。

デカオムライス ダブルフォンデュソース
〔調理時間 **20分**〕

材料(3〜4人分)

ごはん… 400g
卵…3個
ミックスベジタブル(冷凍)…100g
ウインナソーセージ…3本
バター…10g
にんにくチューブ… 小さじ1/2

A
- トマトケチャップ… 大さじ4
- コンソメスープのもと …小さじ1
- しょうゆ…小さじ1/2

サラダ油…小さじ1
ピザ用チーズ…200g
ビーフシチューのルウ…1かけ
水…200ml
トマトケチャップ…適量
好みでゆでブロッコリー…6房
好みでミニトマト…4個

作り方

1 ホットプレートを中火で温めてバターをのせ、とけたら、にんにく、ミックスビーンズを入れる。ウインナはキッチンばさみで小口切りにしながら加えていためる。

2 ミックスビーンズに火が入り、ウインナに焼き色がついたら、ごはんとAを加えて全体をまぜながらいため、プレートの右側に寄せて形をととのえる。

3 プレートのあいたところをキッチンペーパーで軽くふき、サラダ油を薄く引く。卵は割りほぐす。

4 ケチャップライスの左側にとき卵を流し入れ、ふたをして1分ほど加熱する。卵に火が通ったらへらで持ち上げ、ケチャップライスにパタンとかぶせる。

5 オムライスをプレートのまん中にずらし、あいたところの1つにチーズを入れ、ふたをして1分ほど加熱してとかす。

6 もう1つのプレートのあいたところにビーフシチューのルウをキッチンばさみで細かく切りながら入れ、水を注いでまぜながら素早くとかす。好みでケチャップをかけ、ブロッコリーやミニトマトを飾る。

〔POINT〕

ホットプレートの上でチキンライスを作って、そのまま大きなオムライスにします。卵をのせるときは、へらの2本使いが安心。

白身魚とトマトのオーブン焼き

作業時間 **5分**

材料（4人分）

白身魚（まだいなど）…4切れ
トマト…1個
ズッキーニ…1本
にんにく…2かけ
塩…少々

A ┌ オリーブ油…大さじ2
  │ 白ワイン…大さじ1
  │ コンソメスープのもと…小さじ1/2
  └ 塩、こしょう…各少々

作り方

1 白身魚は塩を振り、キッチンペーパーで余分な水分をふきとる。トマトは半月切りに、ズッキーニは輪切りにする。にんにくは縦半分に切る。

2 耐熱皿に白身魚を並べてトマトとズッキーニを挟み、にんにくを魚1切れずつにのせる。

3 Aを全体に回しかけ、200度のオーブンで25分ほど焼く。

/POINT/

見た目の豪華さとは裏腹に **切って並べるだけ。**調味料は最後に回しかけます。

PART
5

やる気いらずの
お手軽おやつ

「お菓子作りのハードルは果てしなく高い。
でも甘いものは食べたい」
そんなときにぴったりの、お皿1つでできるデザートや
袋ワザを発揮して作り方を
とことん簡単にしたおやつを集めました。
食べたかった味にきっと最速でたどり着けます。

プリンde焼きマシュマロ
パンプディング

[調理時間]
10分

プリンのゼラチンや卵、砂糖を生かして 材料を少なく しました。
できたてアツアツのままでも、冷やして食べてもおいしい！

材料（2～4人分）

プリン（市販）…67g×2個
食パン（6枚切り）…1枚
マシュマロ…10～12個

材料3つ！

作り方

1 耐熱皿にプリンを入れて
まぜる a 。

2 パンをひと口大にちぎりな
がら加え b 、全体をまぜ
る c 。

3 電子レンジで1分30秒ほ
ど加熱する。

4 マシュマロをのせ d 、アル
ミホイルをかぶせてオーブ
ントースターで3～4分焼
く。

a

b

c

d

マシュマロチョコバー

[調理時間 **7分**]

おいしいものたちを
レンチンしてまぜて固めるだけ。
甘じょっぱさがくせになる！
柿の種がアクセントです。

\ POINT /

材料をすべて入れてまぜるだけ。 柿の種は全体にざっくりまざればOKです。

材料（2人分）

ビターチョコレート…50g
マシュマロ… 60g
柿の種… 適量
　（好みでナッツを追加してもOK）

作り方

1 耐熱ボウルにチョコレートを砕きながら入れ、電子レンジで1分ほど加熱してとかす。

2 マシュマロを加え、電子レンジで1分ほど加熱して全体をまぜる。軽く砕いた柿の種を加えてさらにまぜる。

3 ラップの上に**2**を広げ、四角く成形する。ラップで全体を包み、冷蔵室で30分ほど冷やす。

4 食べやすく4〜6等分のスティック状に切る。

1cm厚さほどの四角になるように形をととのえて。冷蔵室に入れちゃえば、意外とすぐ固まります。

材料（2人分）

紅茶ティーバッグ…2袋
熱湯…300mℓ
粉寒天…4g
牛乳…200 mℓ
砂糖…大さじ2
好みでメープルシロップ
　　…適量

作り方

1 耐熱容器にティーバッグと熱湯を入れ、紅茶を作る。

2 粉寒天を振り入れてよくまぜ、牛乳と砂糖を加えてよくまぜ、電子レンジで5分ほど加熱する（容器の厚みによっても加熱時間は変わるので、牛乳がフルフルと沸くくらい加熱してください）。

3 よくまぜて冷蔵室で2時間ほど冷やす。

4 耐熱容器からとり出し、2cm角ほどに切って器に盛り、好みでメープルシロップをかける。

\POINT/

固める用の耐熱容器でミルクティーを作ります。あとはそのまま冷蔵室に入れるだけ！

気づいたら余りがちな
紅茶の転生術！
やさしい甘さで
バクバクいけちゃいます。
加熱が甘いと
固まらないので注意！

ミルクティー寒天

［ 調理時間 ］
10分

ボウルいらず！

ホットケーキミックスde 抹茶どら焼き

調理時間 15分

材料（7〜8個分）

A
- ホットケーキミックス…150g
- 牛乳…100mℓ
- 砂糖…20g
- 抹茶パウダー…大さじ1
- みりん…大さじ1

卵…1個
サラダ油…適量
あんこ（市販）…適量
バター…適量

作り方

1 ボウルに卵を割りほぐし、**A**を加えて全体をよくまぜる。

2 フライパンにサラダ油を薄く引いて弱火で熱し、**1**をお玉ですくって楕円形に流し入れる。

3 焼き色がついたらひっくり返し、両面に焼き色をつけて火を通す。フライパンからとり出し、あら熱をとる。残りも同様に焼く。

4 どら焼きの手前半分にあんこ、バターをのせ、半分に折る。

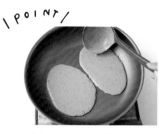

| POINT |

みりんを入れるとコクが加わり、うまみがアップ！アルコールの作用でふっくら仕上がります。

生地を楕円形に焼けば、 挟まず折るだけ の
お手軽どら焼きが完成します。
バターとあんこ、大好きなものを
合体させたら、はい幸せ。

折りたたむだけ

おまけの 転生おやつ

揚げ物をしたときに余りがちな皮やパン粉。
どう活用しようか悩んだら、このレシピを試してみて。
新たな発見があるかも。

春巻きの皮で

トルティーヤチップス

調理時間 **10分**

材料（2〜4人分）

春巻きの皮 … 2〜3枚
塩 … 適量
カレー粉 … 適量
チリパウダー（あれば）
　　… 少々
揚げ油 … 200mℓ

作り方

1 春巻きの皮はキッチンばさみで縦4等分に切り、それぞれを斜めに切って三角形にする。

2 170度の揚げ油でこんがりと揚げる。

3 塩、カレー粉をまぶし、あればチリパウダーを振る。

\POINT/

縦に切った 春巻きの皮を斜めに切って 三角形にします。それっぽい形にするのがポイントです。

餃子の皮で

あんこ餅

調理時間 **10分**

材料（2人分）

餃子の皮 … 6枚
切り餅 … 1個
あんこ（市販）… 適量

作り方

1 切り餅は縦6等分に切る。

2 長めにラップを敷いて餃子の皮を並べ、あんこ、餅を順にのせる。ラップの手前を持ち、餅に皮を合わせるように折りたたむ。皮に水（分量外）を塗り、奥から手前に折りたたんで餅を包む。

3 オーブントースターでこんがりするまで焼く。

\POINT/

おやつでも ラップワザ は健在。一気に6枚が難しい場合は分けて、ばふっとしてもOK。餃子の皮が余った次の日にぜひ。

パン粉って余りますよね？
（私だけ？）
そんなときの救済活動！
子どもと一緒に
簡単に作れるのも
うれしい。

（パン粉で）

コロコロドーナツ

[調理時間 **15分**]

材料（2〜4人分）

パン粉…100g
卵…1個
砂糖…大さじ2
牛乳…大さじ2
シナモンパウダー…小さじ1/2
揚げ油…400mℓ

作り方

1 ボウルにポリ袋をかぶせてはかりにのせ、卵を割り入れる。計量しながらパン粉、砂糖、牛乳、シナモンパウダーを順に加え、袋をボウルからはずし、よくこねる（はじめはパラパラしていても、しっかりこねると全体がなじんでくる）。

2 10等分して丸めながら、170度の揚げ油でこんがりと揚げる。

3 油をきり、熱いうちに砂糖（分量外）をまぶす。

| POINT |

ポリ袋をかぶせてから、ボウルをはかりにのせるのがおすすめ。ボウルは汚れず、計量もしっかりできます。

およねさんについて、聞いてみた。

まだまだ知りたい、およねさんのこと。
そんな声におこたえすべく、およねさんの知られざるルーツや
料理のこと、子育てのことなどを聞いてみました。

1986年
誕生！

Term-1
およねさんのルーツ

幼少期から現在まで、
およねさんの人生を
振り返ってみました。

お
よ
ね
的
人
生
年
表

1993年〜
しっかり者の子ども時代

1986年に次女として誕生。幼少期をひとことで表すなら、まじめ！　でも夏休みの宿題をコツコツ進めるのは苦手でした。当時から、ギリギリの状態からでもカワザでしっかり終わらせることが得意だったので、そこに注力（笑）。**料理が好きになったのは小学生のとき。**両親が共働きだったので、近くに住んでいた祖母に基礎を習いながら夕飯を作っていました。

2008年〜
仕事も子育ても両立したい

大学で社会福祉を学び、卒業後はベンチャー企業で激務に明け暮れる日々。**もともとキャリア志向が強かったのでバリバリ働いていました！**　26歳のときに結婚し、28歳で長女を出産。キャリアも大切にしたいし、保活が激戦区だったので、ポイント稼ぎのためにベビーシッターさんにお願いして職場復帰したものの、部署異動に。娘はなんとか保育園に入園できましたが、異動先があまりに忙しく、このまま仕事を続けるのは難しいかも……と考え始め、退職を決意。

2017年〜
長男を出産後に転職はしたけれど……

退社後に転職活動をして採用の仕事に就きました。31歳のときに長男を出産。このころの私は時短勤務で、業務自体はハードではなかったのに、夫は多忙で育児はずっとワンオペ。急いで帰って、お迎えに行って、献立に悩みながらごはんを用意するバタバタの日々は、転職前と変わらず。「あれ？ 転職したのに根本的な解決にはなっていないかも？」とモヤモヤ……。

2020年〜
キャリアチェンジに悩む

育児に慣れてきて、仕事のやりがいや今後のビジョンに悩み出したころ、希望の部署に異動の話が。**キャリアチェンジのチャンス！と喜んだのも束の間、コロナで異動は立ち消えに……。**当時はノープランでしたが、これがきっかけでスパッと退職。人のご縁もあり、自宅で業務委託の仕事を開始。収入は減ったけれど、時間に左右されず働けるようになってストレスフリーに！

2021年〜
夫が無職で人生最大のピンチ！

世の中の誰もがコロナで大変な時期に、わが家は娘がいわゆる小1の壁にあたり、多忙を極めていた夫は心労がたたり、突然退職することに。この時期は夫婦でたくさん話し合いをしました。これが家族の本質的な幸せについて考えるきっかけになったのです。**夫の再就職が決まってから、もっと自分たちの好きなことや楽しいことを極めていこうと始めたのがSNS。**夫は洋服、私は料理の投稿を始めることにしました。

爆速クリエイターおよね誕生
〜現在

ピビンパと肉巻きおにぎりの投稿がバズったことをきっかけに、フォロワーさんがどんどん増えて、出版社やメディアのかたから声をかけられるように。現在はメーカーさんとのコラボやレシピ提供などの仕事も増えています。**SNS開始時は想像もしていませんでしたが、ずっと好きだった料理をお仕事にできて、現在はとても楽しいです！**

Term-2
およねさんと料理

時間も手間もかけない
およねさんの料理の
原点を伺いました。

合理的なレシピは
どうやって生まれたの?

レシピを発信する前から、効率を重視して段どりを組んでから物事を進めることが得意。**家事や仕事も、どうしたら一番早く終えられるかを考えるくせがついています。**最初に思いついたのは、お皿1枚でできるオムライス。リモートワーク中で、手軽に作れてそのまま食べられるものを考えたのが始まりです。

料理の効率を重視し始めたきっかけは?

日々の家事や仕事の積み重ねからですね。もともと料理は好きなので、多忙の中でも料理を楽しみたいと思っていました。**それから、洗い物が少ないレシピや、簡単にできるレシピをSNSにアップしたときの反響が大きかったこと。**あとは私自身が「30分でここまで作れる!」とか実験的な考えが好きなこと(笑)。

特にお気に入りのレシピは?

豚ステーキと根菜の白だしづけ焼き(p.52)と、熱湯で!ピーかまの塩昆布あえ(p.58)です。どちらもとても簡単だけど、何度も作りたくなるほどおいしい!

普段の調理中のスタイルを教えて!

オリジナルのエプロンをつけていることが多いです。色はベージュ、ネイビー、カーキの3色展開。チェックの部分は手をふいたり鍋つかみのかわりとして使えたりします。

レシピはどうやって考えているの?

1日の中でレシピを考える時間を設けるようなことはしていないです。**基本は頭に全部入っていて、レシピノートもない。**新しいメニューは、SNSの反応を参考にして前回はここが好評だったから次はこうしてみようと考えたり、作りながら考えたり。失敗してボツにすることもありますが、SNS用の撮影前の試作はせず、基本的に一発撮りです!

レシピを考えるときに
大切にしていることは?

ストーリーが見えるようにすることです。どんなシーンで誰が助かるのか。たとえば夏休み中なら、お母さんが子どもと一緒に作れるレシピにするのか、それとも忙しいお母さんが助かる時短料理にするのかなど。動画編集も一人で行っているので、**ストーリー性は編集時も大切にしています。**常に頭の中で次のレシピを考えています。

キッチンの好きなところは?

作業場が広いところです。棒餃子を作るときも皮を並べやすい(笑)。わが家のコンロはIHでタイマーがついているので、スープなどを作るときはタイマーを使って10分くらいほったらかし調理にしているときもあります。

デザイン
違いも!

ふんわりシルエットが
かわいい♡

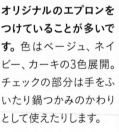

色違いも
あるよ〜。

Term-3
いつものおよねさん

2児の母でもあるおよねさん。
家族や子育てのことを
聞いてみました。

およねさんの現在の1日を教えて！

音声配信をしているので
毎朝収録しています！

6:00	起床、Voicy収録
7:00	朝食準備、長女登校
8:00	長男を保育園に送る、家事
10:00	仕事のメール対応など、SNS用の曲探し
12:00	昼食
14:00	撮影、編集、曲探し
15:00	長女帰宅、編集や事務作業
17:00	夕食準備
18:00	保育園にお迎え
19:00	夕食
20:00	入浴
22:00	就寝

動画用の曲は
私のこだわり！

大体いつも
こんな感じ！

働き方を変えるターニングポイントはいつでしたか？

長女を出産して転職したころは、忙しいのに結果が見えにくかったり、自分の時間を確保しにくかったり、まるで「時間どろぼう」の呪縛にかかっているようでした（笑）。自分ではキャリアダウンしているつもりなのに、いつも忙しくてモヤモヤ。そうこうしている間にコロナ禍になり、夫が無職になり、人生最大のピンチを迎えて……。でもあの時間があったからこそ、家族の幸せについて考え直すことができました。

家事、育児、仕事…普段のおよねさんはワーママとしてどんな日々を送っていますか？

今はメディアに出たり、メーカーさんからコラボの依頼をいただいたりすることが多いです。数年前には想像もしていなかったような自分の状況に驚くこともありますが、求められたことには全力でこたえたい！ 自分が決めた人生を歩めていることへの充実感は今が一番あると思っています。

およねさん自身が「手間どろぼう」から得た幸せとは？

キャリアと子どもとのかかわりについては、ずっと模索しています。でも気づいたのは、私は「仕事をしている自分も好きだし、結局母である自分も好き」ということ。世の中の忙しいお母さんの中には、そんな気持ちのかたも多いのではないかと思います。だからこそ、自分が大好きな料理で、そんな女性たちの力になれたらうれしいし、時間的余裕を生み出したいですよね。手間どろぼうは、家族のだんらんに一役買ってくれると思っています。

ごはんできたよ〜！

いただきま〜す！

おいしいねっ！

爆速レシピクリエイター およね

「自炊のハードルを地の果てまで下げにいく」をモットーに、日々、ササッとラクに作れてちゃんとおいしいレシピを発信している。雑誌やテレビ、ラジオ、WEBなどメディア出演のほか企業のレシピ開発で活躍中。SNSの総フォロワー数は35万人を突破(2024年1月現在)。著書に『禁断の爆速ごはん ここまでやっちゃう100レシピ』(主婦の友社)がある。8歳の女の子と5歳の男の子、2児のママ。

Instagram @oyone.gram
TikTok @oyoneyone
YouTube OYONE LIFE
Voicy およねの人生を味わうラジオ

STAFF

撮影 ——————— 佐山裕子(主婦の友社)
デザイン ——————— 奈良栄子
スタイリング——————— 伊藤みき
撮影協力 ——————— UTUWA
編集協力 ——————— 宮本貴世
編集担当 ——————— 町野慶美(主婦の友社)

やったもの勝(が)ち!
およね式(しき)
手間(てま)どろぼうレシピ

2024年3月31日 第1刷発行
2024年7月31日 第3刷発行

著 者 およね
発行者 丹羽良治
発行所 株式会社主婦の友社
〒141-0021
東京都品川区上大崎3-1-1 目黒セントラルスクエア
電話 03-5280-7537(内容・不良品等のお問い合わせ)
049-259-1236(販売)

印刷所 大日本印刷株式会社

©Oyone 2024
Printed in Japan ISBN978-4-07-456639-6

Ⓡ〈日本複製権センター委託出版物〉
本書を無断で複写複製(電子化を含む)することは、著作権法上の例外を除き、禁じられています。本書をコピーされる場合は、事前に公益社団法人日本複製権センター(JRRC)の許諾を受けてください。また本書を代行業者等の第三者に依頼してスキャンやデジタル化することは、たとえ個人や家庭内での利用であっても一切認められておりません。
JRRC〈https://jrrc.or.jp eメール:jrrc_info@jrrc.or.jp 電話:03-6809-1281〉

■ 本のご注文は、お近くの書店または主婦の友社コールセンター(電話0120-916-892)まで。
＊お問い合わせ受付時間 月～金(祝日を除く) 10:00～16:00
＊個人のお客さまからのよくある質問をご案内しております。